信息化建设项目全过程审计

Whole Process Auditing of Information Construction Project

张莉　李飞⊙编著

清华大学出版社
北京

内容简介

本书从监管部门及审计视角,在分析数字经济时代信息化建设项目内涵、特征的基础上,基于生命周期理论、现代风险导向的审计理论,以信息化建设项目的立项、招标采购、项目实施、竣工结算及决算、绩效评估等全过程为研究对象,从审计理论、方法、技术、实践应用等方面,对信息化建设项目的投资控制、合规性、安全性、绩效等进行了剖析,系统构建了数字经济时代信息化建设项目全过程审计理论与方法体系,并设计了不同类型的信息化建设项目审计案例及文书模板,为信息化建设项目的全过程审计提出了有实践意义的参考方案。

本书既适合财政、审计及其他监管部门等政府机关、会计师事务所、造价咨询公司、内部审计相关人员使用,以帮助专业人员开展信息化项目的审计、评审、绩效评价等业务;也可供广大信息化项目管理人员、纪检监察人员及其他财经类专业人士、研究生参考。

本书封面贴有清华大学出版社防伪标签,无标签者不得销售。

版权所有,侵权必究。举报:010-62782989,beiqinquan@tup.tsinghua.edu.cn。

图书在版编目(CIP)数据

信息化建设项目全过程审计 / 张莉,李飞编著. —北京:清华大学出版社,2022.6
(清华汇智文库)
ISBN 978-7-302-61001-4

Ⅰ. ①信… Ⅱ. ①张… ②李… Ⅲ. ①信息化建设—项目—审计 Ⅳ. ①F239.63

中国版本图书馆 CIP 数据核字(2022)第 097509 号

责任编辑:王 青
封面设计:汉风唐韵
责任校对:宋玉莲
责任印制:宋 林

出版发行:清华大学出版社
  网　址:http://www.tup.com.cn,http://www.wqbook.com
  地　址:北京清华大学学研大厦 A 座 邮　编:100084
  社 总 机:010-83470000   邮　购:010-62786544
  投稿与读者服务:010-62776969,c-service@tup.tsinghua.edu.cn
  质量反馈:010-62772015,zhiliang@tup.tsinghua.edu.cn

印 装 者:三河市东方印刷有限公司
经　　销:全国新华书店
开　　本:170mm×230mm   印 张:10   插 页:1   字 数:174 千字
版　　次:2022 年 6 月第 1 版   印 次:2022 年 6 月第 1 次印刷
定　　价:89.00 元

产品编号:095154-01

前言

"十四五"时期,加快数字化发展、建设数字中国成为数字经济时代信息化发展的新阶段。以5G网络、数据中心建设等信息化项目为代表的"新型基础设施建设"正在成为我国经济新增长点的核心动力,"东数西算"工程的启动加快推进了全国数据中心集群产业相关的计算机、通信、光电器件、基础软件等行业大规模发展。信息化建设项目是"十四五"期间企业、政府部门、事业单位的重点投资领域,且正在催生新经济业态变革,成为驱动我国数字经济快速增长的新引擎。

审计是党和国家治理体系的重要组成部分。尤其是中央审计委员会的成立,标志着审计上升到了国家治理层面,成为党中央决策的重要依据,审计在推动实现国家良治善治方面发挥着重要作用。作为促进社会经济健康、良性发展的"免疫系统",审计要站在维护国家安全,尤其是经济安全的高度审视问题,从体制机制制度层面研究和揭示经济社会发展中的重大问题,提出审计建议。

随着权威高效的审计监督体系的全面构建,信息化建设项目全过程审计正日益成为新型基础设施建设风险管控的新重点、新要求。信息化建设项目全过程审计需要一批既了解信息化建设项目管理权限、建设标准及审批流程,掌握IT技术、软硬件设备配置,又懂工程造价、软件开发标准及规范,更具备审计理论及实践能力的专业化、复合型人才。

为了更好地发挥数字经济新基建项目的投资绩效,指引相关人员开展信息化建设项目全过程审计,本书围绕数字经济时代如何开展新型基础设施建设项目——信息化建设项目全过程审计这一核心问题,对信息化建设项目的立项、招标采购、项目实施、竣工结算及决算、绩效评估等经济活动全过程进行了分析,从理论、方法、技术与应用方面系统地对信息化建设项目的投资控制、合规性、安全性、绩效等审计重点、审计方法进行阐述,并通过列举不同类型的信息化建设项目审计案例,提出了有实践意义的参考方案。作者旨在构建一套系统的信息化项目全过程审计方法体系,供审计部门、监管机构、投资部门借鉴,希望能更有效地促进数字资源的快速优化配置与再生。

本书紧贴信息化建设项目全过程审计实践需求，共分九章：第1章、第2章介绍了信息化建设项目全过程审计的理论基础；第3章介绍了信息化建设项目全过程审计模式；第4章至第8章分别介绍了信息化建设项目全生命周期不同阶段的审计要点、审计方法、审计常见问题及表现形式；第9章结合实践详细介绍了各阶段具有特色的信息化建设项目审计案例，并在附录中设计了可供信息化建设项目全过程审计人员参考的各类审计文本，为读者逐步深入了解、掌握信息化建设项目全过程审计的理论、方法、技术及应用，并快速实现理论与实践相结合的应用提供了基础支撑。本书中的案例数据来源于实践并经脱密处理，未经许可请勿引用。

本书通过分析信息化建设项目的内涵、特征，建立了数字经济时代信息化建设项目的全过程审计框架、方法与技术体系，对于完善全过程审计理论体系，推动和规范信息化建设项目全过程审计模式具有积极的理论价值及现实意义。

本书从理论、方法与技术层面详细介绍了信息化建设项目的全过程审计应用，结合真实案例，为读者提供可供借鉴的技术模式，适合财政、审计及其他监管部门等政府机关、会计师事务所、造价咨询公司、内部审计相关人员使用，以帮助专业人员开展信息化建设项目的审计、评审、绩效评价等业务。本书还可供广大信息化项目管理人员、纪检监察人员及其他财经类专业人士、研究生参考。

本书的写作和出版得到了中京华（北京）工程咨询公司、清华大学出版社和北京信息科技大学等各位领导、专家和同仁、研究生的大力支持。本书由张莉执笔，李飞总审，朱万祥、高峰、孙亚东、吴波、张著文、程勇、石伟成、张贺、刘福星、郭敏涛、赵永高、盛林、杨建英、刘义等同志参与了撰写。陈阳、杨思琪、高欣宇、陈昭旭、陈皓轩等同学付出了大量时间和心血为本书整理资料。感谢中京华（北京）工程咨询公司相关专家们在审计实践领域的积极探索和经验积累，使本书的案例得到了极大的丰富。

本书相关内容的研究得到了教育部人文社科规划基金项目（20YJAZH129）、北京市社会科学基金－北京市教育委员会社科计划重点项目（SZ202011232024）、北京市知识管理研究基地及北京信息科技大学工程管理（专业学位）建设项目的资助。

张莉　李飞
2022年4月

目录

第1章 信息化建设项目综述 … 1
1.1 信息化建设项目的概念、内涵与分类 … 2
1.1.1 信息化建设项目的概念与内涵 … 2
1.1.2 信息化建设项目的分类 … 3
1.2 信息化建设项目的特征 … 4
1.2.1 系统性 … 4
1.2.2 动态性 … 5
1.2.3 复杂性 … 6
1.3 信息化建设项目全过程审计的必要性 … 7
1.3.1 加强全过程审计是新型基础设施建设项目风险防控的紧迫任务 … 7
1.3.2 加强全过程审计是强化审计监督能力的基本要求 … 8
1.3.3 加强全过程审计是建设单位风险防控的必然要求 … 8
1.4 信息化建设项目全过程审计的意义 … 8
1.4.1 有助于完善中国特色社会主义审计理论体系 … 9
1.4.2 有助于完善全过程审计方法体系 … 9
1.4.3 有助于强化信息化建设项目的政府监督能力和治理水平 … 9

第2章 全过程审计的理论基础 … 10
2.1 全过程审计的起源与发展 … 10
2.2 信息化建设项目全过程审计研究综述 … 12
2.2.1 信息化建设项目全过程审计现状分析 … 12
2.2.2 信息化建设项目全过程审计存在的问题 … 14

2.3 信息化建设项目全过程审计的本质 ……………………………… 15
2.4 信息化建设项目全过程审计的目标 ……………………………… 17

第3章 信息化建设项目全过程审计模式 ………………………… 19
3.1 信息化建设项目全过程审计的主客体与对象 …………………… 19
3.2 信息化建设项目全过程审计程序 ………………………………… 20
3.3 信息化建设项目全过程审计方法 ………………………………… 21
    3.3.1 通用审计方法 ……………………………………………… 21
    3.3.2 信息系统及安全审计方法 ………………………………… 23
    3.3.3 配套工程造价审计方法 …………………………………… 24
    3.3.4 货物类造价审计方法 ……………………………………… 25
    3.3.5 软件开发成本度量方法 …………………………………… 26
    3.3.6 软件运维成本度量方法 …………………………………… 31
3.4 信息化建设项目全过程审计组织方式 …………………………… 36
3.5 信息化建设项目全过程审计依据 ………………………………… 39

第4章 信息化建设项目前期阶段审计 ……………………………… 42
4.1 事前评估及立项审计 ……………………………………………… 42
    4.1.1 事前评估及立项审计要点与方法 ………………………… 42
    4.1.2 事前评估及立项审计资料 ………………………………… 44
    4.1.3 事前评估及立项审计常见问题与表现形式 ……………… 44
4.2 信息化建设项目初步设计概(预)算审计 ……………………… 45
    4.2.1 初步设计概(预)算审计要点与方法 …………………… 46
    4.2.2 初步设计概(预)算审计资料 …………………………… 50
    4.2.3 初步设计概(预)算审计常见问题与表现形式 ………… 51

第5章 信息化建设项目招标采购阶段审计 ………………………… 52
5.1 信息化建设项目采购文件审计 …………………………………… 52
    5.1.1 采购文件审计要点及方法 ………………………………… 52
    5.1.2 采购文件审计资料 ………………………………………… 54

  5.1.3 采购文件审计常见问题与表现形式 ·············· 55
 5.2 信息化建设项目招标控制价的审计 ················· 55
  5.2.1 招标控制价审计要点与方法 ················ 55
  5.2.2 招标控制价审计资料 ···················· 56
  5.2.3 招标控制价审计常见问题与表现形式 ·············· 57
 5.3 信息化建设项目投标文件审计 ··················· 57
  5.3.1 投标文件审计要点与方法 ·················· 57
  5.3.2 投标文件审计资料 ······················ 59
  5.3.3 投标文件审计常见问题与表现形式 ··············· 60
 5.4 信息化建设项目待签合同审计 ··················· 61
  5.4.1 待签合同审计要点与方法 ·················· 61
  5.4.2 待签合同审计资料 ······················ 62
  5.4.3 待签合同审计常见问题与表现形式 ··············· 62

第6章 信息化建设项目实施阶段审计 ················· 64
 6.1 信息化建设项目内部控制审计 ··················· 64
  6.1.1 信息化建设项目内部控制审计要点与方法 ··········· 64
  6.1.2 信息化建设项目内部控制审计资料 ··············· 65
  6.1.3 信息化建设项目内部控制审计常见问题与表现形式 ······ 66
 6.2 信息化建设项目款项支付审计 ··················· 66
  6.2.1 款项支付审计要点与方法 ·················· 67
  6.2.2 款项支付审计资料 ······················ 67
  6.2.3 款项支付审计常见问题与表现形式 ··············· 68
 6.3 信息化建设项目实施及变更审计 ·················· 68
  6.3.1 信息化建设项目实施及变更审计要点与方法 ·········· 68
  6.3.2 信息化建设项目实施及变更审计资料 ············· 70
  6.3.3 信息化建设项目实施及变更审计常见问题与表现形式 ····· 70
 6.4 信息化建设项目信息系统审计 ··················· 71
  6.4.1 信息系统审计要点与方法 ·················· 72
  6.4.2 信息系统审计资料 ······················ 73
  6.4.3 信息系统审计常见问题与表现形式 ··············· 74

6.5　信息化建设项目信息安全审计 ………………………………………… 75
　　　　6.5.1　信息安全审计要点与方法 ………………………………………… 76
　　　　6.5.2　信息安全审计资料 ………………………………………………… 77
　　　　6.5.3　信息安全审计常见问题与表现形式 ……………………………… 77
　　6.6　信息化建设项目验收审计 ……………………………………………… 78
　　　　6.6.1　信息化建设项目验收审计要点与方法 …………………………… 79
　　　　6.6.2　信息化建设项目验收审计资料 …………………………………… 80
　　　　6.6.3　信息化建设项目验收审计常见问题与表现形式 ………………… 80

第7章　信息化建设项目结、决算阶段审计 …………………………… 82

　　7.1　信息化建设项目结算审计 ……………………………………………… 82
　　　　7.1.1　信息化建设项目结算审计要点与方法 …………………………… 83
　　　　7.1.2　信息化建设项目结算审计资料 …………………………………… 85
　　　　7.1.3　信息化建设项目结算审计常见问题与表现形式 ………………… 85
　　7.2　信息化建设项目竣工财务决算审计 …………………………………… 86
　　　　7.2.1　信息化建设项目竣工财务决算审计要点与方法 ………………… 87
　　　　7.2.2　信息化建设项目竣工财务决算审计资料 ………………………… 87
　　　　7.2.3　信息化建设项目竣工财务决算审计常见问题与表现形式 ……… 89

第8章　信息化建设项目绩效审计 ……………………………………… 90

　　8.1　信息化建设项目绩效审计目标 ………………………………………… 90
　　8.2　信息化建设项目绩效审计要点 ………………………………………… 91
　　8.3　信息化建设项目绩效审计方法 ………………………………………… 92
　　8.4　信息化建设项目绩效评价指标体系 …………………………………… 93
　　8.5　信息化建设项目绩效审计常见问题与表现形式 ……………………… 94

第9章　信息化建设项目全过程审计案例 ……………………………… 95

　　9.1　机房建设项目立项审计(评审)案例 …………………………………… 95
　　　　9.1.1　项目简介 …………………………………………………………… 95
　　　　9.1.2　审计实施 …………………………………………………………… 96

9.1.3 审计结果ᅟᅟᅟᅟᅟᅟᅟᅟᅟᅟᅟᅟᅟᅟᅟᅟᅟᅟᅟᅟᅟᅟᅟᅟᅟᅟᅟᅟᅟᅟᅟᅟᅟᅟ97

9.2 系统开发项目概算审计案例ᅟᅟᅟᅟᅟᅟᅟᅟᅟᅟᅟᅟᅟᅟᅟᅟᅟᅟᅟᅟ99
9.2.1 项目简介ᅟᅟᅟᅟᅟᅟᅟᅟᅟᅟᅟᅟᅟᅟᅟᅟᅟᅟᅟᅟᅟᅟᅟᅟᅟᅟᅟᅟᅟᅟᅟᅟ99
9.2.2 审计实施ᅟᅟᅟᅟᅟᅟᅟᅟᅟᅟᅟᅟᅟᅟᅟᅟᅟᅟᅟᅟᅟᅟᅟᅟᅟᅟᅟᅟᅟᅟᅟᅟ100
9.2.3 审计结果ᅟᅟᅟᅟᅟᅟᅟᅟᅟᅟᅟᅟᅟᅟᅟᅟᅟᅟᅟᅟᅟᅟᅟᅟᅟᅟᅟᅟᅟᅟᅟᅟ101

9.3 网络基础设施建设项目预算审计案例ᅟᅟᅟᅟᅟᅟᅟᅟᅟᅟᅟᅟ102
9.3.1 项目简介ᅟᅟᅟᅟᅟᅟᅟᅟᅟᅟᅟᅟᅟᅟᅟᅟᅟᅟᅟᅟᅟᅟᅟᅟᅟᅟᅟᅟᅟᅟᅟᅟ102
9.3.2 审计实施ᅟᅟᅟᅟᅟᅟᅟᅟᅟᅟᅟᅟᅟᅟᅟᅟᅟᅟᅟᅟᅟᅟᅟᅟᅟᅟᅟᅟᅟᅟᅟᅟ103
9.3.3 审计结果ᅟᅟᅟᅟᅟᅟᅟᅟᅟᅟᅟᅟᅟᅟᅟᅟᅟᅟᅟᅟᅟᅟᅟᅟᅟᅟᅟᅟᅟᅟᅟᅟ105

9.4 信息资源服务项目采购文件(含招标控制价)审计案例ᅟ106
9.4.1 项目简介ᅟᅟᅟᅟᅟᅟᅟᅟᅟᅟᅟᅟᅟᅟᅟᅟᅟᅟᅟᅟᅟᅟᅟᅟᅟᅟᅟᅟᅟᅟᅟᅟ106
9.4.2 审计实施ᅟᅟᅟᅟᅟᅟᅟᅟᅟᅟᅟᅟᅟᅟᅟᅟᅟᅟᅟᅟᅟᅟᅟᅟᅟᅟᅟᅟᅟᅟᅟᅟ106
9.4.3 审计结果ᅟᅟᅟᅟᅟᅟᅟᅟᅟᅟᅟᅟᅟᅟᅟᅟᅟᅟᅟᅟᅟᅟᅟᅟᅟᅟᅟᅟᅟᅟᅟᅟ108

9.5 数据分析服务项目待签合同审计案例ᅟᅟᅟᅟᅟᅟᅟᅟᅟᅟᅟᅟ110
9.5.1 项目简介ᅟᅟᅟᅟᅟᅟᅟᅟᅟᅟᅟᅟᅟᅟᅟᅟᅟᅟᅟᅟᅟᅟᅟᅟᅟᅟᅟᅟᅟᅟᅟᅟ110
9.5.2 审计实施ᅟᅟᅟᅟᅟᅟᅟᅟᅟᅟᅟᅟᅟᅟᅟᅟᅟᅟᅟᅟᅟᅟᅟᅟᅟᅟᅟᅟᅟᅟᅟᅟ110
9.5.3 审计结果ᅟᅟᅟᅟᅟᅟᅟᅟᅟᅟᅟᅟᅟᅟᅟᅟᅟᅟᅟᅟᅟᅟᅟᅟᅟᅟᅟᅟᅟᅟᅟᅟ112

9.6 系统集成项目结算审计案例ᅟᅟᅟᅟᅟᅟᅟᅟᅟᅟᅟᅟᅟᅟᅟᅟᅟᅟ113
9.6.1 项目简介ᅟᅟᅟᅟᅟᅟᅟᅟᅟᅟᅟᅟᅟᅟᅟᅟᅟᅟᅟᅟᅟᅟᅟᅟᅟᅟᅟᅟᅟᅟᅟᅟ113
9.6.2 审计实施ᅟᅟᅟᅟᅟᅟᅟᅟᅟᅟᅟᅟᅟᅟᅟᅟᅟᅟᅟᅟᅟᅟᅟᅟᅟᅟᅟᅟᅟᅟᅟᅟ113
9.6.3 审计结论ᅟᅟᅟᅟᅟᅟᅟᅟᅟᅟᅟᅟᅟᅟᅟᅟᅟᅟᅟᅟᅟᅟᅟᅟᅟᅟᅟᅟᅟᅟᅟᅟ115

9.7 电子公文系统安全改造项目决算审计案例ᅟᅟᅟᅟᅟᅟᅟ117
9.7.1 项目简介ᅟᅟᅟᅟᅟᅟᅟᅟᅟᅟᅟᅟᅟᅟᅟᅟᅟᅟᅟᅟᅟᅟᅟᅟᅟᅟᅟᅟᅟᅟᅟᅟ117
9.7.2 审计实施ᅟᅟᅟᅟᅟᅟᅟᅟᅟᅟᅟᅟᅟᅟᅟᅟᅟᅟᅟᅟᅟᅟᅟᅟᅟᅟᅟᅟᅟᅟᅟᅟ118
9.7.3 审计结果ᅟᅟᅟᅟᅟᅟᅟᅟᅟᅟᅟᅟᅟᅟᅟᅟᅟᅟᅟᅟᅟᅟᅟᅟᅟᅟᅟᅟᅟᅟᅟᅟ120

附录 审计文书参考模板ᅟᅟᅟᅟᅟᅟᅟᅟᅟᅟᅟᅟᅟᅟᅟᅟᅟᅟᅟᅟᅟᅟᅟᅟ121
附录1 审计通知书ᅟᅟᅟᅟᅟᅟᅟᅟᅟᅟᅟᅟᅟᅟᅟᅟᅟᅟᅟᅟᅟᅟᅟᅟᅟᅟᅟᅟᅟ121
附录2 信息化建设项目审计资料清单ᅟᅟᅟᅟᅟᅟᅟᅟᅟᅟᅟᅟᅟᅟ122
附录3 审计资料接收单ᅟᅟᅟᅟᅟᅟᅟᅟᅟᅟᅟᅟᅟᅟᅟᅟᅟᅟᅟᅟᅟᅟᅟᅟᅟ126
附录4 预算(控制价/结算)审计定案汇总表ᅟᅟᅟᅟᅟᅟᅟᅟᅟ127

附录 5　预算(控制价/结算)审计设备购置类分项明细表 ………… 129

附录 6　预算(控制价/结算)审计软件开发类分项明细表 ………… 132

附录 7　材料、设备市场询价记录表 …………………………………… 133

附录 8　采购文件审计意见 ……………………………………………… 134

附录 9　投标文件审计底稿 ……………………………………………… 135

附录 10　变更洽商费用确认表 ………………………………………… 139

附录 11　结算审计签署表 ……………………………………………… 140

附录 12　全过程审计沟通函(取证单) ………………………………… 141

参考文献 …………………………………………………………………… 142

第 1 章
信息化建设项目综述

习近平总书记强调,没有信息化就没有现代化。加快信息化建设是贯彻新发展理念、推动构建新发展格局、完善国家治理的必由之路。2020年3月,中共中央政治局常务委员会召开会议提出,加快5G网络、数据中心等新型基础设施建设进度。《2020年国务院政府工作报告》提出,重点支持"两新一重"建设(新型基础设施建设,新型城镇化建设,交通、水利等重大工程建设)。2021年中央网络和信息化委员会发布了《"十四五"国家信息化规划》,进一步明确了以信息化推进国家治理体系和治理能力现代化,加快构建数字社会,极大提升基于数据的国家治理能力现代化水平,把中国特色社会主义制度优势转化为强大的国家治理效能的发展目标。[1-4]

"十四五"时期,加快数字化发展、建设数字中国成为数字经济时代信息化发展的新阶段。以5G网络、数据中心建设等信息化项目为代表的"新型基础设施建设"正在成为我国经济新增长点的核心动力,更是"十四五"期间企业、政府部门、事业单位的重点投资领域,且正在催生新经济业态变革,成为驱动我国数字经济快速增长的新引擎。[3-4]

审计是党和国家治理体系的重要组成部分。面对巨额"新型基础设施建设"投资,如何做好财政资金的"守护神"、人民利益的"捍卫者",确保充分发挥新基建的项目绩效,成为数字经济时代审计人员迫切需要解决的新难题。

为了更好地发挥数字经济新基建项目的投资绩效,政府及监管部门应积极推进审计模式创新,提高审计效率,建立完善的治理体系,对信息化建设项目从事前、事中、事后开展全过程审计,监督信息化建设项目的资金运行过程,更有效地促进数字资源的快速优化配置与再生。

本书旨在从监管部门及审计视角,围绕对信息化建设项目的立项、招标采购、项目实施、竣工结算及决算、绩效评估等全过程的经济活动进行的审计监督,对信息化建设项目的投资控制、合规性、安全性、绩效等方面开展的全方位跟踪审计,通过列举不同类型信息化建设项目审计案例,供审计部门、监管机构、投资部门借鉴,以规范信息化建设项目的审计模式,并对未来的信息化审计提出有实践意义的参考方案。

1.1 信息化建设项目的概念、内涵与分类

1.1.1 信息化建设项目的概念与内涵

信息化建设项目在不同的标准、法规及规范中有不同的定义。

百度百科定义的信息化"是培养、发展以计算机为主的智能化工具为代表的新生产力,并使之造福于社会的历史过程"[5]。《2006—2020年国家信息化发展战略》中定义的信息化"是充分利用信息技术,开发利用信息资源,促进信息交流和知识共享,提高经济增长质量,推动经济社会发展转型的历史进程"[2]。

《政务信息系统定义和范围》(GB/T 40692-2021)定义的政务信息系统"是由政务部门使用的、为支持政务部门履行管理与服务职能的、由政府投资建设、政府与社会企业联合建设、政府向社会购买服务或需要政府资金运行维护的信息系统,包括可以执行政务信息处理的计算机、软件和外围设备"[6]。

《国务院办公厅关于印发国家政务信息化项目建设管理办法的通知(国办发〔2019〕57号)》明确了"国家政务信息系统主要包括国务院有关部门和单位负责实施的国家统一电子政务网络平台、国家重点业务信息系统、国家信息资源库、国家信息安全基础设施、国家电子政务基础设施(数据中心、机房等)、国家电子政务标准化体系以及相关支撑体系等符合《政务信息系统定义和范围》规定的系统"[7]。

《北京市信息化促进条例》和《北京市政府投资信息化项目评审管理办法》规定:"信息化项目是指市级政务部门及相关公共企事业单位使用市级财政资金组织实施的、未纳入政府集中采购目录的政务信息系统新建和升级改造项目。"[8-9]

本书所讨论的信息化建设项目是广义的信息化项目,是指以现代信息技术为主要手段的信息基础设施建设、信息网络建设、信息应用系统建设、信息安全建设、系统集成和信息资源开发利用等新建、改扩建或运行维护的项目,包括信息化机房建设及改造、网络基础设施建设、信息系统及升级改造、必要的综合布线等信息化配套工程,以及信息技术发挥重要作用的现代安防、多媒体及其他弱电工程等配套建设内容;还包括信息化项目相关的咨询评估、测评、运行维护、系统集成和信息化服务外包项目等;此外,还包括机房租赁、网络(链路)租赁、互联网使用、数据(系统)迁移、政务云及其他云服务等信息化相关的服务等。

狭义的信息化项目一般仅包括需要经济和信息化厅(局/委)审批的信息化类项目,如基础软硬件、信息化基础设施等涉及基础设施、惠民服务、政务优化、安全保障方面的项目。

1.1.2 信息化建设项目的分类

(1) 按照性质划分,包括新建、改造、扩建、运行维护类。

(2) 按照资金来源划分,包括政府投资、单位自筹或社会捐赠等其他来源。

(3) 按照建设内容划分,包括基础设施类、信息系统类、配套设备类、配套工程类、技术服务类等。基础设施类包括但不限于组织或部门用于履行职能所投资建设或租用的用于感知、传输、网络、存储、计算、处理等的设备、系统、环境或服务,如政务内网、外网、专网、数据中心或机房、云平台或云服务、外围设备、安全保障与管理系统、安全支撑平台、防护设施、传感器、运行维护管理系统等[6]。信息系统类包括但不限于对信息资源进行采集、加工、使用、存储等操作的系统或工具组件,如资源库、数据系统、财务系统、管理系统、视频会议系统、人事系统、一体化服务平台、移动应用、网站等。配套设备类包括但不限于用于信息化的服务器、路由器、交换机、GPU、存储等设备,必要时也包括辅助材料。配套工程类是为了确保信息化建设项目的实施所做的必要的装修、改造、扩建等工程。技术服务类主要指信息系统服务类项目,即信息化建设项目从立项、设计、采购、实施、验收、运维等全生命周期中提供的相关设计、咨询、开发、检测、维保、租赁、数据采集、处理、运维、监理、测评、信息服务等以提供劳务或租赁服务的形式满足用户需求的项目。

（4）按照费用类别划分，包括设备购置费、配套工程费及其他相关费用（如运维费、技术服务费、系统集成费）等。包括但不限于以下主要费用类别：

① 设备购置费包括硬件购置费、软件购置费及其他配套设备购置费。硬件设备包括网络与安全系统类、存储类等，如服务器、交换机、存储交换机、VPN 设备、负载均衡、防火墙、入侵检测设备、网闸、设备组件等；软件购置费，如系统软件、数据库、中间件的购置费，定制开发软件的技术开发费，产品化软件的服务费、许可费等。其他配套设备包括 UPS 电源、专用空调、机柜、机房环境监控系统、摄像头等与安防工程相关的各种专用设备，以及台式机、各种工作站、一体化管理机、触摸式终端设备等其他通用电子设备等。

② 配套工程费包括信息化项目必要的综合布线、机房改造等建安工程费用，以及现代安防、多媒体系统及其他弱电系统中的建安工程费用等。

③ 其他相关费用指信息化项目相关的技术方案及施工图等设计计费、招标代理服务费、监理费、系统集成费、运维费、网络（链路）及云服务等服务租赁费、技术服务费、安全验收测评费、软件测评费、信息资源建设费、标准规范建设费等。

1.2　信息化建设项目的特征

信息化建设项目具有系统性、动态性、复杂性等特征。

1.2.1　系统性

信息化建设项目涉及多领域、全方位的生命周期建设活动，包含从初始投资决策、立项、概预算评审到招标采购、项目实施、造价控制及后期运行维护全过程。进行项目初始设计规划时，必须制定全局性战略，系统性统筹整个项目在全生命周期各环节的关联及衔接。整个信息化建设项目的生命周期可分为前期、招标采购、实施、运行、后评价五个阶段，如图 1.1 所示。

项目前期阶段一般包括提交项目建议书、可行性研究报告、专家论证报告，项

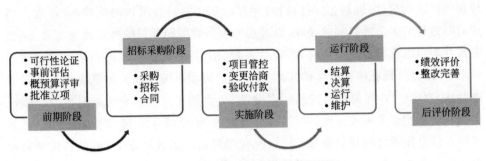

图 1.1　信息化建设项目全生命周期

目组织单位对项目进行评审,对项目的必要性、可行性、预期产生的绩效等进行分析,以确定是否符合政府、组织的整体战略规划、信息化发展规划,以确定是否立项的过程。经过评审后确定立项的项目,需要列入政府或组织的发展计划。立项后需要对信息化建设项目进行概算设计、预算评审后确定具体预算,经过法定程序审核批准后纳入政府或组织的年度财政财务计划。

招标采购阶段是整个信息化建设项目中非常重要的一环,一般包括按照确定的预算,设计采购参数及相关合同条款,依据政府采购及招投标法规定的程序和标准组织招标采购,选定供应商,确定合同的过程。

实施阶段包括确定供应商后组织项目建设,按照规定的程序组织项目实施,涉及款项支付、变更洽商、项目管控等关键控制。

运行阶段包括竣工后建设方要组织验收,与承揽方进行实际工程造价的核对与结算。整个项目竣工后,建设单位要对整个项目从筹建到竣工投产使用的实际花费做竣工决算,决算后转固定资产。在项目竣工决算转为固定资产后,投入正常使用,要组织人力物力对整个信息化建设项目进行运行和维护。

后评价阶段是项目完成并投入运行后,运用一定的评价方法、量化指标及评价标准,对照项目原定的绩效目标与实现程度,以及为实现这一目标所安排预算的执行结果进行综合评价的过程。必要时也包括评价完成后按照绩效目标进行调整、整改完善、优化的过程。

1.2.2　动态性

信息化建设项目在系统性统筹的基础上,具有一定的动态性特征。这不仅体现在项目前期设计、规划、立项阶段对项目后期实施运行维护的支撑,也体现在当期同时进行的多个项目间的关联,以及后期项目对前期项目的持续改进等联系,更表现在项目内部的总体投资规划、设计开发、招标采购、运行维护等各阶段之间的联系[7],最终体现在绩效目标的实现程度上。例如,《国家政务信息化项目建设管理办法》规定:"各有关部门按照职责分工,负责国家政务信息化项目审批、建设、运行和安全监管等相关工作,并按照'以统为主、统分结合、注重实效'的要求,加强对政务信息化项目的并联管理。"[6]信息化项目的动态性特征,要求信息化项目相关单位重点关注整个项目的宏观统筹、多方论证、详细规划,任何环节的疏漏、变动都会对其他环节、项目整体及最终绩效产生重大影响。

1.2.3 复杂性

信息化项目是一项复杂的系统工程,从政府投资项目来看,其整个生命周期涉及国家发展和改革委员会(简称国家发改委)、财政部、中共中央网络安全和信息化委员会办公室(简称网信办)、经济和信息化委员会(局)等多个监管部门及项目建设、设计、监理单位(必要时)、造价咨询单位(必要时)、供应商(实施方/总包)等;从其他投资来源看,信息化项目涉及组织内部规划、设计、网络、IT、财务、风控管理等多个部门;整个信息化项目从立项审批到竣工决算,涉及多个环节,每个环节管理权限、业务流程复杂,因此是一项涉及多组织、多部门、多行业、多领域、多环节的复杂系统工程。

从政府投资项目来看,中央、各省(自治区、直辖市)在信息化项目的管理上各有不同。比如《国家政务信息化项目建设管理办法》规定了由国家发改委负责牵头编制国家政务信息化建设规划,并对各部门审批的国家政务信息化项目进行备案管理。财政部负责国家政务信息化项目预算管理和政府采购管理。要求"各有关部门按照职责分工,负责国家政务信息化项目审批、建设、运行和安全监管等相关工作,并按照'以统为主、统分结合、注重实效'的要求,加强对政务信息化项目的并联管理。""发改委会同中央网信办、国务院办公厅、财政部建立国家政务信息化建设管理的协商机制,做好统筹协调,开展督促检查和评估评价,推广经验成果,形成工作合力。"[6-7]北京市规定"信息化项目评审管理工作在市大数据工作推进小组领导下,由市经济和信息化局、市发展和改革委员会(简称市发改委)、市财政局及各部门依分工联合实施。市经济和信息化局负责信息化项目前置评审的统筹管理,会同市发改委、市财政局做好市级信息化项目的指引管理、评审管理、建设管理和绩效管理工作。市发改委负责政务信息系统新建项目的立项审批。市财政局负责政务信息系统升级改造项目及政务信息系统运维项目的资金管理。市机要局负责电子政务内网建设及安全可靠相关信息化项目的业务审核工作"[8-9]。

无论从信息化项目的生命周期涉及的环节、专业分工还是从管理权限等各方面来看，信息化项目都涉及政府、组织、行业等多个领域、多个部门，需要设计、规划、造价、技术等多个领域的专业人才齐心协力共同实现绩效目标和战略规划，因此信息化项目具有典型的复杂系统性特征。

1.3 信息化建设项目全过程审计的必要性

在国家大力发展以 5G 网络、数据中心建设等信息化项目为代表的"新型基础设施建设"这一时代背景下，在全面启动"东数西算"工程、推进全国一体化大数据中心体系建设的浪潮下，信息化项目正逐步成为我国经济新增长点的核心动力，信息化项目如何强化监管、优化流程、防控风险是监管部门、项目建设单位、审计部门共同关注的核心问题，开展全过程审计成为目前一大紧迫任务，具有非常强的必要性和重要性。

1.3.1 加强全过程审计是新型基础设施建设项目风险防控的紧迫任务

防范化解重大风险是全面推进小康社会建设的优先保障领域。习总书记在党的十九大报告中强调"特别是要坚决打好防范化解重大风险、精准脱贫、污染防治的三大攻坚战，使全面建成小康社会得到人民认可、经得起历史检验"。

以信息化建设为核心特征的新型基础设施建设项目是"十四五"期间企业、政府部门、事业单位的重点投资领域。对重大经济投资的风险管控不但要监督投资过程的真实性、合规性，更要求监督资金使用的有效性及效率性，以节约资金、增强效益、促进国家经济发展。如何加强对重点投资领域、重大经济风险的监督和治理是目前全面建设小康社会的关键问题,更是涉及组织、社会乃至国家信息安全的核心问题。

1.3.2　加强全过程审计是强化审计监督能力的基本要求

2018年习总书记在中央审计委员会第一次会议上强调"要创新审计理念,及时揭示和反映经济社会各领域的新情况、新问题、新趋势,加大对经济社会运行中各类风险隐患揭示力度,加大对重点民生资金和项目审计力度"。2019年全国审计工作会议要求审计聚焦国家经济安全,坚持"治已病、防未病",扎实做好"经济体检"。

由于信息化项目涉及工程、IT技术、软硬件、造价等多专业,对监管部门、项目建设单位、审计部门专业化人才的要求较高,需要一批既了解信息化项目管理权限、建设标准及审批流程,掌握IT技术、软硬件设备配置,又懂工程造价、软件开发标准及规范,具备审计理论及实践能力的专业化、复合型人才。目前,对具备这种信息化项目全过程审计专业融合能力的复合型人才的需求极为迫切。

1.3.3　加强全过程审计是建设单位风险防控的必然要求

新型基础设施建设项目从规划、立项开始到竣工决算,涉及多个部门、多个环节。从建设单位主体责任履行的要求上,加强全过程审计是有效控制投资、确保整个投资活动的关键风险点都建立了有效的管控措施并得到了有效实施的必然要求;从监督责任的落实上,加强全过程审计是强化监督体系、构建权威高效的审计全覆盖的必然要求;对重大投资活动全过程进行连续、全面、系统的审计,是充分发挥监督和评价职能,确保建设项目的经济性、效率性和效果性的必然要求。

1.4　信息化建设项目全过程审计的意义

信息化建设项目全过程审计是为了高效实现信息化建设项目投资绩效,促进被审计单位改进内部控制,提高被审计单位信息化建设项目相关的良治善治,提升信息化水平,实现组织目标的效率和效果。

1.4.1 有助于完善中国特色社会主义审计理论体系

国家审计的产生和发展是源于国家治理的需要，国家审计是国家治理体系中的一个"免疫系统"，国家审计是国家治理的基石和重要保障[10-11]。中央审计体制改革进一步提升了审计的地位和作用，审计在党和国家监督体系中所处地位与职责的重要性上升到一个前所未有的局面[12]。从国家治理层面的需求看，信息化建设项目全过程审计是审计机关、审计人员面临的新任务、新挑战，是适应数字经济新时代审计监督广度和深度拓展的新要求、实现审计监督全覆盖的新举措，是对国家治理这一审计本质需求的响应，进一步丰富了中国特色审计理论在本质、功能、表现形式上的维度。

1.4.2 有助于完善全过程审计方法体系

全过程审计是具有鲜明的中国特色的一类审计任务，充分体现了审计在揭示、预防工程项目风险中的重要作用。常见的工程审计方法主要侧重工程造价审计，对信息化建设项目中既包含设备，又包含工程、运维、开发等专业性较强的工作缺乏更专业的审计方法，审计风险较大。信息化建设项目是数字经济时代的核心动力，体现了新技术在不同行业领域的新应用、新模式，其审计方法与传统工程项目的全过程审计方法、审计技术有一定区别。

1.4.3 有助于强化信息化建设项目的政府监督能力和治理水平

信息化建设项目的全过程审计涵盖了从项目前期的准备工作至项目竣工、验收、投入使用的全过程，对经营活动的真实性、合法性、合理性、完整性，以及绩效进行了监督、评价、鉴证，以揭示、抵御、预防风险，有利于提高信息化建设项目全流程、全方位、全生命周期的监管管理水平。对信息化建设项目开展全过程审计，有助于完善政府监管部门的投资管控能力、风险防御能力，提升社会治理水平；有助于强化建设部门的内部控制、增强造价管控能力、提升组织治理水平；有助于社会审计机构、造价咨询公司、监理单位等中介机构提升鉴证、评估及服务水平，防范审计风险；有助于投资人、其他利益相关者等规避信息不对称带来的信任风险；有助于纪检监察机构转变职能、提升工作效率。

第 2 章
全过程审计的理论基础

2.1 全过程审计的起源与发展

全过程审计是在长期的实践探索中逐步形成的一种全方位、全过程的监督稽查机制,以工程建设项目全过程审计为代表,在财务收支、政策执行等审计类别中也同时存在,在实际审计工作过程中具有必要性和重要性,是国家发展信息化、实现审计方式专业化、改进审计手段、实现工程管理规范化和工程审计国际化的需要[13]。伴随着建设项目造价管理、结算审计的形成和发展,以事后审计为特征的结算审计由于其滞后效应,形成的审计意见、审计结论对已发生的损失往往失去了追溯整改的可能性。出于事前、事中审计的需求,开始出现建设项目的全过程审计。建设项目全过程审计是审计机构、审计人员采用跟踪审计方式对项目建设的全过程进行监督、检查、评价[14],其目的在于强化监督,防范建设过程中存在的舞弊和失误,从而加强廉政建设、优化资金管理、控制项目成本。

国外关于全过程审计的发展趋势大致分为三个阶段,分别为造价管理时期、跟踪审计时期和全过程审计时期。造价管理的萌芽始于 20 世纪 40 年代,投资者开始重视建设工程的投资效益,造价管理人员在项目实施前需对项目工程进行估算,并控制后期项目的实施。直到 20 世纪末期,加拿大、澳大利亚等国家开始有了成熟的造价管理协会和相关理论的人才,并分析了历年来造价管理的不足,利用系统工程、工业工程和计算机工程等行业的专业知识系统地研究造价管理问题。美国的工程造价管理组织(AACE)在 1991 年的年会上提出了全面造价管理(total cost management,TCM),主要涉及建设项目战略资产管理及建设项目造价管理的理论体系,推动全面造价管理的应用与发展[13]。20 世纪末期,跟踪审计理念逐渐出现,Boris Kogan 等提出跟踪审计是未来的发展趋势,并利用数据库审计模型生成了一套完整的审计跟踪方法[15]。21 世纪初期,全过程审计开始登上历史舞台。随着大数据时代的到来,各种技术的发展和信息化水平不断提高,全过程审计也在不断发展。

  国内建设项目全过程审计的发展更多体现在国家政策及审计实践方面。新中国成立以来,审计从"宏观调控体系的重要组成部分",发展到保障经济社会健康运行的"免疫系统",再到"国家监督体系的重要组成部分",不断深化认识审计的本质和规律,不断找准审计的职责定位。2008 年审计署组织开展了汶川灾后重建跟踪审计;2005—2009 年,审计署组织对第 29 届北京奥组委的财务收支情况和奥运场馆建设情况进行了全过程审计。2014 年,国务院印发《关于加强审计工作的意见》,提出要创新审计方式,提高审计效率,做出对公共资金、国有资产、国有资源、领导干部经济责任履行情况均进行审计的决定,提出了审计全覆盖,同时逐步开展了政策执行情况跟踪审计。2018 年进一步改革审计管理体制,成立了中央审计委员会,作为党中央决策议事协调机构。这是加强党对审计工作领导的重大举措,目的是构建集中统一、全面覆盖、权威高效的审计监督体系,更好地发挥审计在党和国家监督体系中的重要作用。2020 年,国务院总理李克强在会议中提出我国今后将在工程建设领域全面推行过程结算,并强调各级政府要真正过紧日子,对政府投资项目,不得审批资金来源没有明确落实的项目,对于未批先建的项目、未设预算额度的项目和施工单位垫资建设的项目,一经发现存在以上违规行为,一律严厉查处[13]。全过程审计在工程建设审计、财务收支审计、政策执行情况审计实践中都日益深化。

2.2 信息化建设项目全过程审计研究综述

2.2.1 信息化建设项目全过程审计现状分析

学术界在工程造价、质量监督、绩效审计等领域对全过程审计开展了系列研究,在审计方法、实现路径及技术应用方面取得了一定进展。

在全过程审计评价方法方面,代表性的应用有模糊综合评价法、德尔菲专家论证法、建筑信息模型(BIM)技术、综合绩效评价法等。丁红华等(2012)采用传统的模糊综合评价法和德尔菲专家论证法,建立了一套基于全过程审计的工程审计评价指标体系,用于实现对建设工程全过程审计质量的客观评价[16]。孙少楠(2019)等在跟踪审计的基础上,提出了建筑信息模型(BIM)技术在全过程审计中的应用方法[17]。郭建壮(2015)基于国家电网较成熟的信息化建设,提出的供电公司工程全过程审计的新模式实现了审计关口前移,促进了公司内部审计的发展[18]。

在全过程审计管理、制度体系及实现路径方面,李国成(2013)对高校建设工程全过程审计进行深入研究,得出了交互性、互斥性和完整性等审计基本特征,以及建立审计部门与基建管理部门相互渗透的制度体系、打造一支高素质的审计队伍和建立先进的全过程审计系统三种实现途径[19]。杨茂荣(2021)在分析当前高校工程审计管理的现状和施工全过程审计存在问题的基础上,探究如何完善现有的建设工程全过程审计组织制度保障、厘清部门职能及加强审计成果运用[20]。郑飞(2021)从造价管理出发对当前信息化建设中存在的问题展开了分析,进而提出了项目全过程造价管理信息化建设的实现途径[21]。吴亮亮(2021)针对信息化建设在财政事业单位内部推进的过程进行了分析,提出了预算绩效管理工作落实过程中存在的问题和应对策略[22]。

在信息化建设项目跟踪审计必要性方面,徐鹤田(2010)、张雄(2013)发现政府和企业部门在开展信息化建设时存在战略投资、运营与控制、项目管理等方面管理不当的现象,甚至称之为领导者的"政绩工程",因此认为开展信息化建设项目跟踪审计具有十分重要的理论和现实意义[23-24]。

在信息化建设项目全过程跟踪绩效审计方面,国内外经典的绩效审计理论从主要基于3E(economy audit、efficiency audit、effectiveness audit)审计理论逐步发展演变到5E审计(增加了equity audit、environment audit)。经过多年实践检验,这两种理论被认为是分析绩效的最有效的模式。核心要点从关注项目的经济性、效率性、效果性到兼顾投资的公平性和环境性。由于该模式衡量绩效目标清晰且可评价,多年来得到广泛应用。在此基础上,国内外学者在评价内容、评价体系、审计方法方面对信息化项目的绩效审计做了系列研究。许继华(2015)探索了政府投资信息化建设项目的绩效审计评价体系[25],沈应仙(2012)研究了政府投资信息化建设项目绩效审计内容,创新了政府投资信息化建设项目绩效审计模式[26],赵浚(2017)、戴丽芬(2020)对信息化建设绩效审计方法做了研究,并针对实际应用中的不足,提出了加强绩效审计的策略[27-28]。

  国内外专业人士近年来在审计实践方面不断探索,在信息化造价审计、信息化安全审计、信息化建设项目绩效审计等方面取得了一些有创造性的变革。2020年5月,湖北省武汉市审计局启动市直部门信息化项目建设情况专项审计。2021年5月,湖北省荆州市审计局在开展公安交管部门预算执行审计中,重点关注城市交通指挥平台信息化项目建设绩效情况,深入了解项目审批、建设、资金投入及运行效果。审计署重庆特派办的审计人员重点关注了交通运输主管部门及相关企业的信息化项目规划建设、资金绩效、安全运行等情况,促进防范网络安全风险。2021年7月,审计署郑州特派办审计人员深入农林牧商品交易平台信息化项目实施现场,了解项目建设、操作流程、监管方式及运行效果,着力提升人民群众在线交易和鉴真溯源的便捷性,以审计监督助力食品安全防线的建立。

  随着信息化建设项目的不断深化,全过程审计也将成为新经济模式下的审计新焦点。无论是政府还是企业,为了积极适应社会变革、切实提高经济效益,信息化建设的需求不断增加。2018年的中央经济工作会议提出,把5G、人工智能、工业互联网、物联网定义为"新型基础设施建设",随后"加强新一代信息基础设施建设"被列入2019年政府工作报告。2022年2月,国家发改委等部门联合发文,正式启动"东数西算"工程,形成八大算力枢纽、十大国家数据中心集群的全国一体化大数据中心体系总体布局。在京津冀、长三角、粤港澳大湾区、成渝、内蒙古、贵州、甘肃、宁夏启动建设8个国家算力枢纽节点,规划了10个国家数据中心集群。通过"东数西算"工程,引导大型、超大型数据中心整体产业集群布局调整,加快推动数据中心产业链条相关的计算机、通信、光电器件、基础软件等行业大规模发展,拉动数字经济的可持续增长。由此，以新基建、东数西算为核心的信息化建设项目日益成为政府重大投资的核心领域，更是权威高效、集中统一、全面覆盖的审计监督的重要任务，由此开展的信息化建设项目全过程审计的需求及作用日益凸显。

2.2.2 信息化建设项目全过程审计存在的问题

目前，信息化建设项目全过程审计在政府及社会的推动下不断深化发展，政府不断增加信息化投资以提升公共服务水平和能力，企业、社会组织等在新技术的影响下，不断加大信息化投资以适应新的社会竞争、转变商业模式。日益增加的信息化投资与审计监督能力之间存在一些亟待解决的问题，在一定程度了限制了组织、经济社会的治理水平。

第一，信息化建设项目全过程审计涉及环节及项目类别不明晰。建设项目全过程审计是指对工程建设项目进行开工前审计、跟踪审计和竣工决算审计，将事后审查与事前、事中监督并举，强化对工程建设领域的全方位审计监督。但是对于信息化建设项目的全过程审计所涉及的流程及环节并没有文献对其进行描述，每个环节所涉及的项目类别也没有具体的总结。

第二，信息化建设项目全过程审计方法和技术、程序未定义。常规审计有其特定的审计程序和方法，但是针对具体审计内容需要不同的方法和程序。对于信息化建设项目全过程审计来说，基于不同项目类别，需要获取不同的审计线索，因此涉及的审计方法、技术和程序也有不同。尤其是信息化项目作为近年来重点投资的领域，其技术迭代速度之快、软硬件造价变化之快给审计人员带来了极大的挑战，目前尚没有文献和书籍对其进行规范化的说明和讲解，导致审计人员在面对新的信息化建设项目时无从下手，或者采用原有的审计方法和程序，导致审计工作进展不畅或得出错误结论。

第三，信息化建设项目全过程审计缺乏行业指引。结合当前审计实践，信息化建设项目全过程审计还未形成统一的行业指引，缺乏统一和强有力的审计方法、技术及标准体系，导致对信息化建设项目监督成果的质量良莠不齐。

针对当前信息化建设项目全过程审计的现状和存在的问题，本书立足于帮助对信息化建设项目进行审计的审计人员，从信息化建设项目审计方法及程序、全过程审计的审计视角出发，尝试对信息化建设项目全过程审计进行全面而详细的介绍，形成该领域的审计指引，并附上真实的案例分析，希望从实际出发，对阅读本书的审计人员提供业务上的支持。

2.3 信息化建设项目全过程审计的本质

　　自审计产生以来,关于审计的本质学术界有多种认识,一般包括查账论、系统过程论、经济监督论、委托代理论、信息论、保险论、行为论、经济控制论、"免疫系统"论、监督工具论等[29-39]。委托代理论、信息论、保险论观点更符合社会审计的特征;行为论则体现了内部审计的特点;查账论、系统过程论、经济监督论、监督工具论则从整个审计角度阐述审计本质,但其更强调审计的方法、手段,对审计范围及内容的广度和深度描述不足;经济监督论、监督工具论则是在性质上、领域范围上的限定,难以满足现代审计不断变化的内涵。

　　目前关于审计的本质,代表性的观点有四种。一是中国特色社会主义审计理论,即"免疫系统"论。原审计长刘家义提出的"免疫系统"论认为,国家审计是国家治理的重要组成部分,在经济社会健康运行中发挥预防、揭示和抵御功能,是经济社会的"免疫系统"[30-31]。二是共性和个性本质论(郑石桥,2015,2016)。该理论认为审计的一般本质是"以系统方法从行为、信息和制度三个维度独立鉴证经管责任履行情况并将结果传达给利益相关者的制度安排",政府审计的共性本质是基于政府审计是以系统方法从行为和信息两个角度独立鉴证国有资源经营管理责任中的代理问题和次优问题并将结果传达给利益相关者的制度安排。该理论认为"免疫系统"论既涵盖了政府审计共性本质,又具有中国当代审计的个性本质特征[32-36]。三是受托责任论,国家审计受人民之托,围绕党和国家根本任务履行受托责任,行使国家审计职能职责,中国国家审计制度变迁与社会生产力、经济基础相适应,有其必然性及规律性[34-38];内部审计受公司治理层,或上级组织、本单位治理机构委托,对组织的财政财务收支、经济活动、风险管理、内部控制履行受托责任,以促进单位完善治理、实现目标。四是委托代理论,委托代理关系形成的核心基础是契约关系。该理论认为审计是受资源财产所有者、主管人员或代理人的授权(委托),代表利益相关者对管理者承担和履行的经济责任进行监督的行为。审计关系形成了一种由授权人、审计人、被审计人构成的多代理关系[40-41]。

信息化建设项目的全过程审计在我国的审计实践中,形成了一种政府审计主导、社会审计辅助、内部审计推动的相辅相成的发展模式。从审计本质上讲,信息化建设项目的全过程审计是为了有效实现国家治理、组织治理,由资源所有者、管理者或代理人授权,通过受托责任或委托代理契约,由审计人采用系统科学的审计方法、程序,对管理者、实施人承担和履行的经济责任进行监督、评价、鉴证的行为。

在信息化建设项目生命周期全过程中,利益相关各方包括人大、本级或上级政府如发改、财政、网信办/经信局(委)、机要局等各部门、审计机关、项目建设单位、审计/造价咨询等中介机构、信息化项目开发商、设备供应商、服务提供商等。

如图2.1所示,在信息化建设项目的全过程审计利益相关者中,项目来源不同,审计委托人、审计人(审计机关或中介机构、内部审计等)、被审计人之间构成的受托责任关系或委托代理关系也不同。当国家或政府投资的信息化建设项目委托人是社会公众时,本级人大代表社会公众行使权力,政府部门作为资源的管理者或代理人,负有受托履行好信息化建设项目投资的经济责任,并对其投资规划、立项评审、投资绩效负有主体责任和监督责任;政府审计机关、内部审计部门受托履行好信息化建设项目投资全过程审计监督的责任,项目建设单位受托完成项目建设,并对项目的投资实施、招标采购、造价管控、投资绩效负有主体责任,图中上半部分虚线内体现为一种受托责任。当信息化建设项目投资来源于企业、其他组织时,项目的委托人是上级企业、股东或所有者、投资人,其内部审计机构与委托人之间是一种受托责任。

图中下半部分虚线内体现为委托代理关系。中介机构接受项目主管部门、监督部门或建设单位委托,采用系统、科学的审计方法,针对信息化建设项目的不同形式、不同内容开展审计,对信息化建设项目全过程进行审计监督,与委托人之间形成一种契约关系,是委托代理关系,代替委托方对项目的全过程进行审计监督,以第三方立场发表客观、公允的审计意见和建议,是委托方监督责任的代理人和执行者。

因此,信息化建设项目全过程审计的本质是一项系统工程,是受托责任与委托代理关系相辅相成、共同作用的结果。

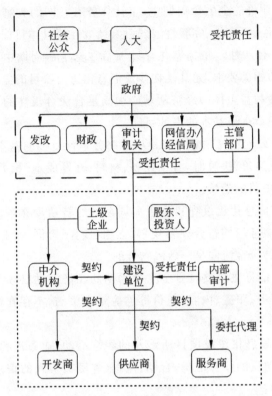

图 2.1 信息化建设项目受托责任与委托代理关系

2.4 信息化建设项目全过程审计的目标

  信息化建设项目全过程审计的目标是整个审计工作的出发点。由于信息化建设项目全过程审计涉及的部门、环节众多，其审计目标是一个包含总体目标、具体目标的体系。
  信息化建设项目全过程审计的总体目标是受托经济责任的履行情况，是基于信息化建设的总体目的，通过评价受托经济责任来体现的。信息化建设项目从规划立项到实施、后评价的全生命周期中，审计任务有不同的类型，因此审计目标又包括合法性、公允性、真实性、完整性、准确性、绩效性等具体目标。

（1）合法性。合法性是指信息化建设项目在全生命周期中要符合国家法律、法规、规章、制度的相关要求，尤其是在涉及信息化建设项目的立项、招标、采购、合同、结算等环节，各利益主体的经济活动必须满足合法合规性的要求，这也是信息化建设项目全过程审计最基本的审计目标。

（2）公允性。公允性是信息化建设项目财务审计目标的基本要求。信息化建设项目尤其是涉及造价、决算时，各项设备、材料、开发成本、相关费用的造价应该客观、公允地反映项目的造价。

（3）真实性。信息化建设项目全生命周期的经济活动必须是真实发生的，涉及的所有软硬件、服务等均符合项目规划、立项、预算、合同等的要求，发票的开具方、合同方与真实的资金流向是一致和吻合的。

（4）完整性。信息化建设项目全生命周期的经济活动必须是完整的，应纳入项目核算的所有任务、服务、内容、造价等均应是完整的，不存在账外资产、账外账的情况。

（5）准确性。信息化建设项目所涉及的经济活动、业务流程、日期、金额等均应是准确的，所有项目的计算准确，合同、流程、关键负责人的信息准确，如实记录了项目的经济活动。

（6）绩效性。信息化建设项目的投资建设要符合效率性、效益性及有效性要求。项目规划设计时要确定准确的绩效目标，项目实施过程要以达到和实现绩效目标为准绳，项目运维后要对绩效实现情况、完成情况进行评估，以验证项目是否有效、是否高效，是否实现了原定的效益目标。

第 3 章
信息化建设项目全过程审计模式

3.1 信息化建设项目全过程审计的主客体与对象

信息化建设项目的全过程审计具有不同于一般审计的特殊性，表现在审计的主客体及审计对象等方面。

信息化建设项目全过程审计的主体是接受授权或委托的审计机关（部门）及其审计人员。审计主体又分为政府审计机关（包括审计署、特派办及其他机关、各省市自治区审计厅/局等）及人员、内部审计机构及人员，以及接受委托的社会中介机构（如造价咨询公司、会计师事务所等）及人员。由于信息化建设项目生命周期全过程涉及多个环节、多个部门，同一个信息化建设项目可能会被政府审计、建设单位委托的社会中介机构、内部审计在不同时间段进行审计，项目会有多个审计主体。但由于受托责任与委托代理关系不同，不同的审计人发表意见的方式、履行的审计程序各有侧重。社会中介机构审计时履行必要的审计程序后，根据委托方的立场和要求客观公允地发表审计意见和建议。

信息化建设项目的全过程审计客体即被审计人主要包括项目建设单位。虽然信息化建设项目全生命周期中包括多个利益相关者，但项目建设单位的经济活动涵盖了整个信息化建设项目的全生命周期。围绕信息化建设项目这一主线，每一环节的审计对象各异、关注的重点和内容均有所不同，因此对应的审计程序设计、审计方法也各有千秋。

信息化建设项目全过程审计的审计对象是全生命周期的经济活动。但在信息化建设项目的不同阶段，审计目标和对象各有侧重。在立项阶段，审计目标是关注项目规划、立项的必要性和合理性、预期的绩效目标、技术路线的可行性、预算的合理性和准确性等，审计对象是规划、立项、预算等论证评审过程及整个活动。在实施阶段，审计目标是项目的合法性、合规性、真实性、完整性和准确性等，审计对象是招标采购、项目建设、竣工验收、造价管控、结算决算等过程的经济活动。在运行阶段，审计目标是项目的安全可靠有效性、费用的真实准确性、效率性等，审计对象是整个运维工作组织、岗位职责分工、内部控制及执行、运维费用等经济活动。在后评价阶段，审计目标是整个信息化建设项目的绩效完成情况，审计对象是整个信息化建设项目的运行活动，以及产生的经济及社会效益指标等。无论哪个阶段，审计对象都由于建设内容的特殊性，表现出技术先进、覆盖面广、综合性强等特征。

3.2 信息化建设项目全过程审计程序

信息化建设项目全过程审计程序与一般财务审计、工程造价审计类似，其程序一般也可分为审计计划阶段、审计实施阶段和审计报告阶段。

审计计划阶段主要包括：调查了解被审计单位的基本情况，包括但不限于行业背景、内外部环境、相关政策法规、战略规划、信息化规划等；签订审计业务约定书或全过程审计合同；初步评价被审计单位的内部控制，分析审计重点及审计风险，以判断被审计单位的内部控制制度是否完善，为确保可接受的审计风险设计可靠的审计计划；充分了解被审计单位的管理模式、决策流程，以确保编制的全过程审计计划及实施方案具有较强的可执行性。审计计划及实施方案的设计是一个持续修正的过程，可能涉及实施阶段，贯穿整个审计业务的始终。信息化建设项目的全过程审计计划及实施方案的编制工作非常重要，恰当的审计计划和实施方案不仅有助于确保全过程审计工作顺利推进，还能使项目组在实施过程中获得充分、适当的审计证据，将审计风险降至项目组可接受的低水平。未经充分研究、千篇一律、不符合被审计单位特点的全过程审计计划不仅可能影响审计目标的实现,还有可能浪费审计资源、增加审计成本,影响审计工作效率。

审计实施阶段包括但不限于收集信息化建设项目全生命周期相关阶段的数据、合同、文件、会议纪要等资料,对被审计单位的内部控制进行测试,以确保被审计单位的内部控制政策和程序的设计是合法、合规、恰当的;对被审计单位内部控制政策的执行情况进行测试,以验证有效的内部控制政策和程序发挥了应有的作用。根据确定的信息化建设项目各环节的审计重点、审计方法开展现场审计,进行现场踏勘;采用恰当的审计方法对审计重点进行复核,发现审计疑点,编制审计底稿、审计取证单,进一步落实取证。

审计报告阶段要依据相应的法律法规,合理运用专业判断,对确定的审计问题编制审计意见书或审计报告初稿,与被审计单位进行沟通,经过内部审核后形成审计报告,政府审计同时出具审计决定书,内部审计出具整改通知书等。

3.3 信息化建设项目全过程审计方法

信息化建设项目的全过程审计方法包括访谈(询问、观察、会议等)、现场踏勘、审阅法、详查法(全面审计法)、市场调查法、功能点测算法、分析性复核、标准图审计法、分组计算审计法、对比审计法、审计抽样(重点审计法)、成本度量法、穿行测试法、重新执行法、平行模拟法、日志审计法、工具检测法、绩效(风险)评估方法及专家评审法、系统检查法、数据测试法、源代码检查法等,对某一个环节的审计可能需要采用各种不同的方法。

3.3.1 通用审计方法

(1)访谈(询问、会议等)。通过对被审计相关人员进行访谈、组织相关会议,了解被审计单位信息化建设项目规划,以及各项制度、立项、招标等重点环节的管理流程、决策程序、组织模式等。

(2)现场踏勘及观察。现场踏勘,要对被审计单位一般控制环境、网络架构设计、通信,以及信息系统的物理环境、网络安全、机房、存储、应用、系统关键参数设置、数据和安全等信息化建设项目的环境进行实地检查。观察信息化建设项目的必要性、可行性是否符合真实需求,是否具备合适、恰当的专业场所,设备的参数是否与现有设备相匹配,材料的采购入库使用是否合规,现场观察程序、系统的操作、运维是否符合规范及安全性等要求。

(3) 审阅法。获取信息化项目的规划、可行性研究报告、论证报告、招标参数、招标采购评标、项目投资、合同文件、项目实施、实施日志、变更洽商单、项目验收、系统运行、运维服务、会议纪要、发票账簿,以及各类第三方测试或者评估等相关文档资料。重点审查内部控制及执行,查阅是否存在异常情况。

(4) 详查法。详查法又称全面检查法,是对信息化建设项目中涉及工程量的部分,根据设计图或需求文件编制一份预算,与送审的清单预算进行比对的一种方法。该方法的优点是全面、细致,经审计的工程造价差错比较少、质量比较高;缺点是工作量较大。信息化建设项目中工程量比较小或施工单位信誉度较低、技术力量不足的常采用全面审计法。对于不涉及工程量的部分,采用详查法检查关键参数设置、关键配置、具体造价等是否与预算、招标文件、合同相匹配。

(5) 市场调查法。对于信息化建设项目涉及的关键设备、材料、服务等,需要符合日益变化的市场行情。由于信息化建设项目技术变化快,软硬件的市场价格变化极快,需要采用市场调查法调研实际行情及报价。对于政府采购目录的设备材料等可参考政府采购报价单价格,对于非政府采购目录内的则需要审计人员通过市场调查获取。

(6) 分析性复核。分析性复核是通过各类项目间的钩稽关系、各类指标分析项目可能出现的舞弊情况。例如,通过信息化建设项目中工程项目的设备、材料和人工费的消耗比率,通过系统集成费与总造价的比率,可以推算和分析是否符合实际逻辑;通过同类工程或项目间的对比分析是否符合趋势或规律,以进一步确定审计重点或验证审计结论。

(7) 对比审计法。对被审计的信息化建设项目与业内同类项目进行对比分析;对信息化建设项目中某设备、服务、材料等与同时期的其他同类项目进行对比分析;与业内标杆行业的同类信息化建设项目进行对比分析;与同地区、同配置、同参数、同时期的同类设备进行对比分析等。对比分析不仅可以对比造价、预算,还可以对比设备选型、技术方案、项目规划是否符合发展趋势、地区发展战略等。

(8) 审计抽样(重点审计法)。根据审计目标和审计重点,结合审计经验,对某类工程、设备或材料等设计抽样规则,以确定审计重点,进行抽样审计。例如,根据信息化建设项目配套工程的工程量、人工费、材料费在单位面积上的数值,结合审计经验进行抽样,对超出单方造价或单方工程量、单方用工基本值的项目,进行重点抽查;对同时期同配置造价虚高、歧低的分项工程或设备、材料进行重点审计;对变更洽商、隐蔽工程、不平衡报价项目等进行重点审计,以快速发现疑点。

(9)绩效(风险)评估方法。全过程审计需要对信息化建设项目的绩效或风险进行评估,常采用对比分析法、因素分析法、公众评判法、标杆管理法、层次分析法、模糊评价法、平衡计分卡等多种方法组合的综合方法对信息化项目各环节的固有风险、控制风险进行评估,或对各绩效目标的实现程度进行评价。[44-46]

(10)专家评审法。信息化建设项目全过程审计中采用专家评审方法,聘请信息化建设项目相关领域专家或者委托有资质的专业机构,对信息化建设项目中的专业领域、关键技术等进行必要的评审。[44-46]

3.3.2 信息系统及安全审计方法

(1)穿行测试法。为验证信息化建设项目开发或实施的系统是否安全、可靠,数据是否真实、准确、完整、未经篡改,审计人员常采用穿行测试法,从头发起一次交易,观察该交易通过应用系统的各个环节,包括授权、审批及确认的全过程。

(2)重新执行法。为了验证信息化建设项目的系统安全性、可靠性、有效性,审计人员可以对某项业务采用重新执行程序,来验证不同情况下数据形成的合理性。

(3)日志审计法。为验证信息化建设项目的安全性,相关人员需要对被审计单位关键日志进行审计分析,以获取合理证据验证数据是否依赖于未经篡改的信息系统。

(4)平行模拟法。审计人员常采用一个独立的程序去模拟被审计的信息系统程序的部分功能,对输入数据同时进行并行处理,其结果与该应用程序处理的结果进行比较以验证其功能正确性。[44]

(5)工具检测法。在信息化建设项目的安全审计中,通常采用安全工具检测、审计工具检测、测评工具检测等方法实现审计目标。利用入侵检测、漏洞扫描等安全工具的检测结果对信息系统的安全情况进行分析评价。利用网络审计、主机审计、数据库审计等审计工具对日志记录结果进行分析评价。利用系统配置检测、网络分析检测等工具,采集信息系统通信数据包并进行逆向分析,还原系统间通信内容,检测生产主机的网络配置、操作系统、数据库等重要系统是否满足配置标准和规范要求;采集操作系统、网络设备、应用系统及负载均衡、防火墙等安全设备生成的日志信息进行检测分析。大多数系统都有用户登录日志,可以方便地使用文件审查软件或自设程序进行审查。同时,利用网络流量、应用进程、CPU利用率、内存利用率等分析指标对信息系统运行情况进行检测分析和评价。利用监控记录对机房环境、设备设施、网络、应用、数据等方面的系统运行监控记录进行分析评价。[44-46]

（6）系统检查法。信息化建设项目全过程审计中,审计人员为了确定信息化建设项目的安全可靠性,需要对信息化建设项目或云服务的应用控制情况进行检查,包括对系统的数据输入、数据处理、数据输出情况进行检查,还需要对与其进行信息共享及业务协同的相关控制进行检查。[44-50]

（7）数据测试法。为了验证信息化建设项目信息安全或项目的有效性、可靠性、安全性,比如确认某信息系统在数据输入、处理和输出控制方面的有效性,常采用数据测试法。一般根据审计人员的要求采用测试数据生成器和整体测试工具生成测试数据,用来检测数据完整性、证明被测试的应用软件的可靠性;采集相关数据进行钩稽关系校验和数据符合性验证,确保在信息化建设项目中所形成和处理的数据真实有效、准确完整,以验证系统、服务或数据的有效性和安全性。[44-50]

（8）源代码检查法。为了验证信息化建设项目的安全性、可靠性和准确性,信息系统审计人员可以采用源代码检查法进行验证。一般直接获取系统的程序编码及数据处理过程的脚本源代码对编码进行检查,检查源代码中是否存在影响核心业务、整体安全的缺点和错误信息,以确定系统是否安全、数据是否可靠。审计人员可以通过审查关键程序源代码的片断对系统逻辑进行判断,发现与业务规则不同的异常点,同时识别出程序中的异常规则、异常代码等。通过检查源代码的计算逻辑,审计人员可以更为直接地判断源代码是否存在错误,分析语句实现的处理过程是否符合所需功能规定的要求。[44-50]

3.3.3 配套工程造价审计方法

（1）标准图法。对于信息化建设项目中的工程部分,可以利用标准图纸,编制标准预算或决算造价,作为标准造价,与被审计单位提供的预决算造价进行对比审计,对不同之处和设计变更部分单独审计。这种方法的优点是时间短、速度快、效果好;缺点是灵活性差,标准图纸与现场施工图差距较大的工程不太适用。

(2)分组计算法。对信息化建设项目中涉及工程的部分,可以按分项工程进行分组计算;对同类或相邻分项工程且有一定联系的分为一组,计算同一组中某个分项工程量,利用工程量间具有相同或相似计算基础的关系,再判断同组中其他几个分项工程量。这种方法可以有效提高审计效率。

3.3.4 货物类造价审计方法

货物类造价成本度量的审计方法通常采用市场询价法、历史成交价法和成本控制法,具体如下。

(1)市场询价法。该方法主要适用于产品比较标准,生产厂家或经销商竞争比较充分的产品。审计人员从网上查询生产或销售厂商的地址、联系电话,与供应商进行沟通、交流,通过厂家得到一个比较合适的价格,对网上已经公布了产品价格的,也可以通过查询多家厂商在网上的报价后得出一个审计的合理价格。为保障询价价格的准确性,审计人员应依据设备技术参数和服务内容,咨询同类产品价格不低于三家,增加价格数据来源,从而形成合理价格,避免厂家对非真正客户报价的随意性而影响价格的真实性。对通用信息化产品,审计时还应考虑部分厂家的设备价格是在市场公开价格的基础上给予一定的折扣比率,避免直接采用公开价格。

(2)历史成交价法。该方法主要适用于已在网上报价或已有成交历史数据的产品需要进行定价的项目。审计人员通过网络查询该产品中标价格信息(如政府采购网合格供应商公开价格、其他项目中标价格)或合同价格来确定审计价格。审计人员也可以通过在历史数据价格库[如已审计其他项目同类产品预(结)算价格]或行业内其他服务平台提供的价格库中查询同类产品价格确定其审计价格。由于同种产品在不同时期、不同采购量下价格不一样,因此采取这种办法进行价格审计时,还应注意在找到对标价格后应对其进行价格修正(如不同时期物价上涨因素修正、采购量大小对比修正等),以便合理、准确地确定产品实际审计价格。

(3)成本控制法。该方法主要适用于非标准化产品或定制类产品。这种产品通常无法直接通过市场调查得到产品价格,需要从成本角度去核算其价格,通过对产品实际发生的直接材料费、人工费、制造费、管理费、营业费和财务费分项剖析计算,形成项目最终的实际成本(实际成本=直接材料+直接人工+制造费用+管理费+营业费+财务费),但部分产品可能还会产生一定的专利费、潜在价值(如艺术价值等),这些价格是无法准确估计的,因此通常应在测算成本的基础上给予一定的修正系数进行综合考虑,以便合理确定审计价格。

3.3.5 软件开发成本度量方法

软件开发成本度量常使用功能点测算法开展审计。该方法是通过分析软件需求说明书,使用功能点对软件产品的功能进行分析、度量,以估算功能点数,确定工作量、工期和预算。功能点测算法的测算过程包括规模测算、工作量测算、费用测算三步。先分析软件开发的功能点数量,再测算开发人员为开发软件所需消耗的工作量,最后根据工作量和功能点规模、测算的工作量及成本费率,计算软件开发的整体造价。

1. 规模测算

(1) 功能点计数

首先,根据项目范围描述文档预估功能点或估算功能点计数。在需求较为模糊时,宜采用预估功能点计数方法测算未调整功能点数;在需求较清晰的情况下,宜采取估算功能点计数方法测算未调整的功能点数。

功能点的计数规则,宜采用 NESMA 或 IFPUG 方法。NESMA 方法参考 SJ/T11619,IFPUG 方法参考 ISO 相关国际标准。功能点计数项分为数据功能和交易功能两类。数据功能包括内部逻辑文件(ILF)、外部接口文件(EIF)。交易功能包括外部输入(EI)、外部输出(EO)、外部查询(EQ)。例如,对于人事管理系统,人员信息、部门信息属于数据功能,增加人员信息、修改部门信息、查询在岗人员等则为交易功能。

第一步:预估功能点计数

采用预估功能点方法测算软件规模的公式为

$$UFP = 35 \times ILF + 15 \times EIF \tag{3.1}$$

式中:UFP——未调整的功能点数,单位为功能点;

ILF——内部逻辑文件数量,单位为个;

35——内部逻辑文件功能点数分配常量;

EIF——外部接口文件数量,单位为个;

15——外部接口文件功能点数分配常量。

第二步:估算功能点计数

采用估算功能点方法测算软件规模的公式为

$$UFP = 10 \times ILF + 7 \times EIF + 4 \times EI + 5 \times EO + 4 \times EQ \quad (3.2)$$

式中:UFP——未调整的功能点数,单位为功能点;

ILF——内部逻辑文件数量,单位为个;

10——内部逻辑文件功能点数分配常量;

EIF——外部接口文件数量,单位为个;

7——外部接口文件功能点数分配常量;

EI——外部输入数量,单位为个;

4——外部输入功能点数分配常量;

EO——外部输出数量,单位为个;

5——外部输出功能点数分配常量;

EQ——外部查询数量,单位为个;

4——外部查询功能点数分配常量。

(2) 规模调整

规模调整分为复用程度调整和隐含需求及需求变更调整。复用程度调整是对实现功能复用情况进行分析,识别出可复用的功能及可复用的程度,并用复用程度对规模进行调整。隐含需求及需求变更调整主要是在测算预估功能点的规模时,根据隐含需求及需求变更对规模产生的影响调整测算规模。

第一步:复用程度调整

采用复用程度对规模进行调整的公式为

$$US = RUF \times UFP \quad (3.3)$$

式中:US——未调整的软件规模,单位为功能点;

RUF——复用度调整因子,取值为 0~1 的任意实数;

UFP——未调整的功能点数,单位为功能点。

第二步:隐含需求及需求变更调整

采用隐含需求及需求变更对规模产生的影响及测算规模进行调整的公式为

$$S = US \times CF \quad (3.4)$$

式中:S——调整后的软件规模,单位为功能点;

US——未调整的软件规模,单位为功能点;

CF——规模变更调整因子,取值为 1~2 的任意实数。

CF 的取值参考相关行业基准数据或历史数据。例如,规模变更调整因子预算时可取值 1.39,招标时可取值 1.22。

2. 工作量测算

工作量是开发人员为了开发软件所需消耗的人时,工作量测算的公式为

$$AE=(S\times PDR)\times SWF\times RDF \quad (3.5)$$

式中:AE——测算工作量,单位为人时。

S——调整后的软件规模,单位为功能点。

PDR——功能点耗时率,单位为人时/功能点。PDR 的取值可以参照中国软件行业基准数据 CSBMK(201906)版本的数据库。生产率基准数据通常使用 P50 的取值测算工作量、费用的最有可能值,使用 P25 和 P75 分别测算上下限。特殊情况(如项目目标约束极其严格)下,也可以采用 P10 和 P90 的值测算上下限。

SWF——软件因素调整因子。软件因素调整因子分为应用类型调整因子和质量特征调整因子。应用类型调整因子主要对不同开发应用类型进行取值,取值参考相关规范或历史数据(例如,业务处理、应用集成、智能信息等不同应用类型取值不同);质量特征调整因子主要对不同质量特性的影响程度进行取值,取值参考相关规范或历史数据。

RDF——开发因素调整因子。开发因素调整因子分为开发语言调整因子和开发团队背景调整因子。开发语言调整因子主要根据不同的开发语言及平台类型进行取值(如采用 JAVA、C++、C# 及其他同级别语言/平台取值可以为 1 等);开发团队背景调整因子主要根据同类行业及项目的经验进行取值(如为本行业开发过类似项目取值为 0.8 等)。在预算时如无特殊要求,取值可为 1。

3. 费用测算

在获得工作量测算结果后,软件费用测算公式为

$$P=AE/HM\times F+DNC \quad (3.6)$$

式中:P——软件开发费用,单位为元。

AE——测算工作量,单位为人时。

HM——人月折算系数,单位为人时/人月,取值为 176。

F——平均人力成本费率(包括开发方直接人力成本、间接成本及毛利润),单位为元/人月;平均人力成本费率可以参照中国软件行业基准数据 CSBMK(201906)版本的数据库及历史数据,如参照某行业历史数据平均人力成本费率为 15 000~16 000 元/人月。

DNC——直接非人力成本,单位为元。直接非人力成本包括开发方为开发此项目而产生的办公费、差旅费、培训费、业务费、采购费等,可以根据项目实际需要进行估算。

4. 测算示例

(1) 需求示意

项目背景:某医院拟开发新的 OA 系统,以支持网上办公、文档流转等电子政务需求。委托方需根据初步需求确定项目预算。项目预算期需求较明确,委托方了解各功能通常的复用程度,并确定采用 JAVA 开发,无特殊质量要求,希望未来团队开发过本行业此类系统。

主要功能:收文管理、发文管理、会议管理、日程安排……

功能描述:收文管理功能要求……日程安排功能要求……

(2) 测算规模

假设根据需求描述,计数 ILF 有 20 个、EIF 有 8 个,识别各功能可复用程度后,由于需求较明确,所以规模变更调整因子参照招投标场景取值,为 1.22(如表 3.1 所示)。

表 3.1 软件开发规模测算表

功能类型	不同复用度文件数	功能点数	功能点数合计
ILF	低 10	×1×35= 350	
	中 5	×2/3×35= 117	
	高 5	×1/3×35= 59	
	ILF 计数合计:		526
EIF	低 4	×1×15= 60	
	中 2	×2/3×15= 20	
	高 2	×1/3×15= 10	
	EIF 计数合计:		90
	US (ILF 计数合计 + EIF 计数合计):		616

续表

功能类型	不同复用度文件数	功能点数	功能点数合计
		规模变更调整因子：	1.22
		S(调整后规模总计)：	751.52

说明：规模变更调整因子预算时取值为1.39，招投标时取值为1.22；功能规模 $S=US×$ 规模变更调整因子

（3）确定预算

根据规模测算结果，可以得到最终费用测算结果（见表3.2）。

表3.2 软件开发工作量及费用预算测算表

1. 未调整功能点数 UFP（功能点）		/	
经过复用调整后的功能点数 US（功能点）		616	
设定规模变更调整因子 CF		1.22	
2. 调整后的功能点数 S（功能点）	$S=UFP×CF$（不调整复用度）	/	
	$S=US×CF$（调整复用度）	751.22	
基准数据（生产率）		P25（人时/功能点）	4.08
		P50（人时/功能点）	7.1
		P75（人时/功能点）	12.37
3. 未调整的工作量 UE（人时） 计算公式：$UE=PDR×S$		下限（人时）	3 064.98
		最有可能（人时）	5 333.66
		上限（人时）	9 292.59
设定调整因子		应用类型调整因子 AT	1.00
		质量特征调整因子 QR	0.90
		开发语言调整因子 SL	1.00
		开发团队背景调整因子 DT	0.8
4. 调整后的工作量 AE（人时） 计算公式：$AE=UE×SWF×RDF$ 其中，$SWF=AT×QR$，$RDF=SL×DT$		下限（人时）	2 206.79
		最有可能（人时）	3 840.24
		上限（人时）	6 690.66
人月折算系数 HM（人时/人月）			176

续表

平均人力成本费率(含直接人力成本和间接成本及开发方毛利润)F(元/人月)		28 767
直接非人力成本合计 DNC（元）		80 000
5. 软件开发费用 P（元） 计算公式：P＝AE/HM×F＋DNC	下限(元)	440 697.32
	最有可能(元)	707 682.86
	上限(元)	1 173 580.77
	项目预算(元)	707 682.86
	功能点单价(元/功能点)	835.14

注：模板中公式及参数取值均基于 CSBMK(201906)版本的数据库回归分析结果。

3.3.6 软件运维成本度量方法

软件运维是对软件进行修改完善、性能调优，以及常规的例行检查和状态监控、响应支持的活动。

软件运维费用应包括软件运维中供方的所有直接成本、间接成本和毛利润。直接成本包括直接人力成本和直接非人力成本，间接成本包括间接人力成本和间接非人力成本。

直接人力成本包括供方运维人员的工资、奖金、福利等人力资源费用。直接非人力成本包括供方为服务此项目而产生的办公费、差旅费、培训费、业务费、采购费等。

间接人力成本包括软件运维工作管理人员的工资、奖金、福利等的分摊。间接非人力成本包括供方场地房租、水电、物业，运维人员日常办公费用分摊及各种研发办公设备的租赁、维修、折旧分摊。

毛利润包括开发方直接成本和间接成本之外的经营管理费分摊、市场销售费用分摊、应承担各种税费及税后利润。

软件运维费用测算过程包括：测算规模、测算工作量和测算费用。规模测算是根据已知的项目功能描述，采取功能点方法测算软件规模。工作量测算主要是根据软件规模及功能点耗时率测算软件运维所需人工工作量。费用测算是根据测算工作量与平均人力成本费率进行计算。

1. 规模测算

(1) 功能点计数

软件规模测算方法可以根据已知的项目功能描述,采用功能点方法测算软件规模。对于已完成的信息化项目,估算人员应根据已确定的系统边界和需求描述估算软件规模。

规模估算所采用的方法,应根据项目特点和估算需求,选用功能点的计数规则,宜采用 IFPUG 方法或 NESMA 方法,IFPUG 方法参考 ISO 相关国际标准,NESMA 方法参考 SJ/T 11619。

功能点计数的基本规则与软件开发度量部分相同。

(2) 规模调整

对于未确定的信息化项目,在进行规模测算时,应根据隐含需求及需求变更对规模产生的影响调整测算规模,公式为

$$S = US \times CF \tag{3.7}$$

式中:S——调整后的软件规模,单位为功能点;

US——未调整的软件规模,单位为功能点;

CF——规模变更调整因子,取值为 1~2 的任意实数。

CF 的取值参考相关行业基准数据或历史数据。例如,某项目需求尚未完全确定,预计未来将有 50% 的变更,则该项目的规模变更调整因子可取值为 1.5;在项目交付后如无特殊要求,取值为 1。

2. 工作量测算

工作量是开发人员为了开发软件所需消耗的人时,工作量测算公式为

$$AE = (S \times PDR) \times MLF \times MCF \times MSF \tag{3.8}$$

式中:AE——测算工作量,单位为人时。

S——调整后的软件规模,单位为功能点。

PDR——功能点耗时率,单位为人时/功能点。PDR 的取值可以参照中国软件行业基准数据 CSBMK(201906)版本的数据库。生产率基准数据通常使用 P50 的取值测算工作量、费用的最有可能值,使用 P25 和 P75 分别测算上下限。特殊情况(如项目目标约束极其严格)下,也可以采用 P10 和 P90 的值测算上下限。

MLF——运维水平要求因素调整因子,取值参照相关规范或历史数据。运维水平要求因素调整因子分为系统更新频率调整因子和支持方式调整因子。系统更新频率调整因子根据系统更新频率进行取值(如系统更新频率为超过每月1次,取值1.12);支持方式调整因子根据支持方式不同进行取值(如纯现场提供支持,取值1.08)。

MCF——运维能力因素调整因子,取值参照相关规范或历史数据。运维能力因素调整因子主要根据运维团队经验进行取值(如运维团队为本行业做过类似项目运维,取值0.8等)。

MSF——运维系统特征因素调整因子,取值参照相关规范或历史数据。运维系统特征因素调整因子分为部署方式调整因子、业务新颖性调整因子、用户规模调整因子、系统关联性调整因子和业务单位调整因子。部署方式调整因子根据部署方式是集中式还是分布式进行取值,业务新颖性调整因子根据业务新颖性进行取值,用户规模调整因子根据用户规模进行取值,系统关联性调整因子根据关联系统数量进行取值,业务单位调整因子根据业务单位数量进行取值。

3. 费用测算

在获得工作量测算结果后,软件费用测算公式为

$$P = AE/HM \times F + DNC \tag{3.9}$$

式中:P——信息化建设项目软件运维费用,单位为元。

AE——测算工作量,单位为人时。

HM——人月折算系数,单位为人时/人月,取值176。

F——平均人力成本费率(包括运维供货方直接人力成本、间接成本及毛利润),单位为元/人月。平均人力成本费率可以参照中国软件行业基准数据CSBMK(201906)版本的数据库及历史数据,如参照某行业历史数据平均人力成本费率约为每人月12 000元。

DNC——直接非人力成本,单位为元。直接非人力成本包括开发方为了开发此项目而产生的办公费、差旅费、培训费、业务费、采购费等,可以根据项目实际需要进行估算。

4. 测算示例

(1) 需求示例

某部门升级改造"财务管理系统",经测算其软件规模为1 000FP。该产品推

出后,拟定为每个月投产一次;该项目属于已有产品"财务管理系统"上的新业务,以现场支持为主;该产品系统用户在用户需求中拟定为 5 000 名操作员;运维人员为本行业做过类似项目;该系统至少与 5 个系统关联;该系统采用集中式部署。该组织历史项目的平均人力成本费率为 22 651 元/人月,直接非人力成本预计包括培训费 15 000 元、业务费 8 000 元、采购费 20 000 元,合计 43 000 元。

（2）计算过程

① PDR 分别取值 0.57、0.92、1.54。

② 测算 MLF 值,如表 3.3 所示。

表 3.3 财务管理系统软件开发规模测算表

参数	测算记录	测算结果
系统更新频率	每月投产一次	1.00
支持方式	现场支持为主	1.00

计算可得 MLF＝1.00×1.00＝1.00。

③ 测算 MCF 值,如表 3.4 所示。

表 3.4 运维能力因素调整因子测算表

参数	测算记录	测算结果
运维团队经验	运维人员为本行业做过类似项目	0.8

计算可得 MCF＝0.8。

④ 测算 MSF 值,如表 3.5 所示。

表 3.5 运维系统特征因素调整因子模型测算表

参数	测算记录	测算结果
部署方式	集中式处理	1.00
业务新颖性	已有产品 X 上的新业务 Y	1.00
用户规模	用户在客户需求中记录为 5 000 名操作员	1.00
与其他系统的关联	本系统与至少 5 个系统关联	1.00

计算可得 MSF＝1.00×1.00×1.00×1.00＝1.00。

(3) 确定预算

根据规模测算结果,填写如表 3.6 所示的模板可得到最终费用测算结果。

表 3.6 功能点测算规模、工作量、费用表

1. 软件规模(功能点)		1 000
基准数据(生产率)	功能点耗时率(人时/功能点)(P25)	0.57
	功能点耗时率(人时/功能点)(P50)	0.92
	功能点耗时率(人时/功能点)(P75)	1.54
2. 未调整的工作量 UE(人时) 计算公式:UE=PDR×S	下限(人时)	570
	最有可能(人时)	920
	上限(人时)	1 540
设定调整因子	运维水平要求因素调整因子 MLF	1.00
	运维能力因素调整因子 MCF	0.8
	运维系统特征因素调整因子 MSF	1.00
3. 调整后的工作量 AE(人时) 计算公式:AE = UE × MLF × MCF × MSF	下限(人时)	456
	最有可能(人时)	736
	上限(人时)	1 232
人月折算系数 HM(人时/人月)		176
平均人力成本费率(含直接人力成本和间接成本及开发方毛利润) F(元/人月)		22 651
直接非人力成本合计 DNC(元)		43 000
4. 软件运维费用 P(元) 计算公式:P = AE/HM × F + DNC	下限(元)	101 686.68
	最有可能(元)	137 722.36
	上限(元)	201 557
	项目预算(元)	137 722.36
	功能点单价(元/功能点)	94.72

注:模板中公式及参数取值均基于 CSBMK(201906)版本的数据库回归分析结果。

3.4　信息化建设项目全过程审计组织方式

信息化建设项目全生命周期涉及的环节多、参与单位广、管理模式各有特色。全过程审计的组织方式也有多种模式。

1. 全过程跟踪审计模式

全过程跟踪审计模式是指在信息化建设项目设计的初期开始筹备、组织全过程审计,审计项目组参与信息化建设项目的全生命周期,审计监督在每一环节可及时发表审计意见,为组织者、建设者提供更有决策价值的参考意见。企业、组织的内部审计部门常在项目进行前或进行中,自行开展或同时委托第三方协助开展全过程跟踪审计。

由于全过程跟踪审计模式,每一阶段的进程均实施了审计,具有典型的持续审计特征,且审计单位对信息化建设项目的熟悉程度、被审计单位的内部控制情况均较为了解,送审资料在每一环节都具有连续性,因此这种模式下各环节的资料可少于其他模式。

全过程跟踪审计模式具有风险防控及时、有效避免经济损失的优点。由于审计参与整个信息化项目的设计、规划、概预算、立项、招采建设等全过程,有助于被审计单位进一步强化内部控制,及时为项目实施单位提供决策建议,有效避免重大风险。但也存在以下不足:一是审计越位现象。由于被审计单位内部管理模式各异,容易产生主体责任缺位、内部管理部门互相推卸责任、踢皮球现象,导致最终出现以审代管、以审代结(结算)。因此,该组织模式在实施中需要区分建设单位的主体责任和审计的监督责任,全过程审计不同于全过程造价咨询,全过程审计履行监督责任,协助单位内部审计开展工作、提供参考建议,切忌审计越位。二是可能影响项目进度。由于全过程审计参与整个信息化建设项目的生命周期,如果管理模式上不能厘清审计的地位和作用,容易使管理者产生每个环节都需要审计意见和报告以支持下一步决策的依赖情绪,从而会极大地影响整个项目的推进速度。

综上所述,这种组织模式有明显的优点,但在实施中需要管理当局正确认识审计监督职能与主体管理责任，审计机构和人员要多方宣传，积极引导，切忌出现以审代管、以审代结的现象。

2. 全过程审计分阶段跟踪模式

全过程审计分阶段跟踪模式是指审计委托方提前筹备，在信息化建设项目实施的全生命周期组织开展全过程审计，但全过程不驻扎现场，只在某些关键环节介入，对前一阶段的经济活动发表审计意见。比如在项目预算评审前、招标采购前、项目结算前、竣工决算前开展分阶段的全过程审计，审计可对预算、招标文件、合同条款、结算造价等发表客观、公允的审计意见，有利于被审计单位发现并防范重大风险，避免形成实际损失。

与第一种组织方式相比，全过程分阶段跟踪审计模式并不是参与每一环节的决策过程，而是仅在一些关键环节完成后，固定时间进入并对前一阶段的情况进行审计。该模式也具有典型的持续审计特征，这种模式下各环节的资料也可以根据实际情况进行补充。

这种组织模式与全过程跟踪审计的审计对象相同，是整个信息化建设项目全生命周期的经济活动。但该模式下审计参与的时点不同，审计只在关键时点介入，对前一阶段的经济活动发表审计意见和建议，不影响信息化建设项目的持续开展，出具审计意见后，后续的经济活动充分借鉴、避免前一阶段审计发现的问题，并进行有效整改。

这种组织模式有效避免了全过程跟踪审计的缺陷。审计监督职责与项目主体责任边界清晰，审计不影响正常的信息化建设项目开展，解决了无审计意见不决策的弊端，也不会因为审计意见出具的及时性影响整个信息化建设项目的进度。同时，这种组织模式也可以有效避免信息化建设项目的重大风险，由于其审计对象依然为整个信息化建设项目全生命周期，并且是在项目持续中分阶段开展审计，审计意见也可有效得到整改，重大风险可在项目结束前被提示，有整改空间和时间，因此是一种适度、有效的审计组织模式。

3. 事后全过程审计模式

信息化建设项目全过程审计在项目建设完成后组织开展，属于事后审计。一般政府审计项目多在项目建设完成后进行。

事后的全过程审计模式是指项目建设完成、竣工验收后，或投入运行、产生绩效后，由主管部门、项目建设单位开展全过程审计。审计对象是信息化建设项目全生命周期的经济活动，包括但不限于项目规划、可行性研究论证、概预算设计、立项、招标采购、建设开发运维等过程中的所有经济活动。

这种组织模式由于是事后审计，存在一些不足。一是整改困难。事后发现的一些问题可能难以纠正或整改，比如合同中约定的某些不合理条款或已形成的一些事实损失涉及合同双方，需要通过法律手段实施，存在一定难度。二是技术要求高。对项目实施过程中的一些隐蔽工程、开发过程的审计存在一些技术壁垒，需要审计人员具备更高的技术水平，通过替代方式进行复核、比对、分析。但同时，这种事后审计的组织模式可以对整个信息化建设项目的全过程经济活动进行综合、系统分析，可以对事前规划的建设内容、事后实际运行的情况、绩效目标的实现情况等进行分析，得出一些更具借鉴意义的结论，为下一次同类项目的审批、实施提供决策依据。

4. 分阶段多主体审计模式

这种模式类似于方式2，只是信息化建设项目全过程审计是由多主体组织、分阶段开展。尤其是政府投资的信息化建设项目，各主管部门会根据管理权限不同，聘请中介机构参与某个环节的审计业务。例如，在立项阶段，财政、发改部门会进行事前评估，以确定建设单位的项目是否符合国家发展战略、政府发展规划，是否与单位或组织的战略目标吻合，是否紧迫、必要，项目方案是否具备可行性，绩效目标是否合理等，以确定是否立项。同意立项后，财政部门可能会聘请专业机构，对项目单位申报的概预算进行评审，以确定建设单位申报的概算、预算是否符合项目发展目标，清单项目是否合理，造价是否真实且符合市场行情等。项目完成后，主管部门或内部审计机构可能会对整个项目的绩效进行审计。这些由主管部门单独组织的信息化建设项目某个环节的审计，虽然不是全过程审计，但涉及信息化建设项目生命周期的各环节，构成了信息化全过程审计的一个组成部分。

无论哪种审计组织模式，都可能涉及审计部门、单位或组织与建设单位的主管部门、设计、施工、监理等协同会审的情况。必须注意处理好全过程审计与供应商、总承包商、其他造价咨询公司、监理公司的关系，加强对各服务提供商的业务监督，避免造成无法合作、难以沟通的极端矛盾，或出现合作违规的行为。

3.5 信息化建设项目全过程审计依据

信息化建设项目全过程审计依据包括但不限于以下法律法规[89-145]：

(1)《中华人民共和国审计法》；
(2)《中华人民共和国建筑法》；
(3)《中华人民共和国民法典》第三编合同；
(4)《中华人民共和国招标投标法》；
(5)《政府采购非招标采购方式管理办法》(财政部令74号)；
(6)《中华人民共和国政府采购法实施条例》；
(7)《中华人民共和国保密法》；
(8)《中华人民共和国保守国家秘密法实施条例》；
(9)《政府采购促进中小企业发展暂行办法》；
(10)《评标委员会和评标方法暂行规定》；
(11)《企业内部控制基本规范》；
(12)《企业内部控制应用指引》；
(13)《最高人民法院关于审理建设工程施工合同纠纷案件适用法律问题的解释》；
(14)《工程造价咨询业务操作指导规程》；
(15)《工程造价咨询单位执业行为准则》；
(16)《造价工程师职业道德行为准则》(中价协〔2002〕15号)；
(17)《建设项目设计概算编审规程》(中价协〔2015〕77号)(CECA-GC2-2015)；
(18) 国务院办公厅关于印发国家政务信息化项目建设管理办法的通知(国办发〔2019〕57号)；
(19)《政务信息系统定义和范围》(GB/T 40692-2021)；
(20)《第3205号内部审计实务指南——信息系统审计》；
(21) 各地方性法规、部门规章等，如《北京市信息化促进条例》；

(22)《政府投资项目预算审核管理办法》;
(23)《软件工程软件开发成本度量规范》(GB/T 36964-2018);
(24)《软件成本度量国家标准实施指南》;
(25)《2020年中国软件行业基准数据》(CSBMK);
(26)《信息化项目软件开发费用测算规范》(DB11/T 1010-2019);
(27)《软件造价评估实施规程》(T/BSCEA 002-2019);
(28) 数据中心设计规范 GB50174-2017;
(29) 数据中心基础设施施工及验收规范 GB50462-2015;
(30) 计算机场地通用规范 GB/T2887-2011;
(31) 计算机场地安全要求 GB/T 9361-2011;
(32) 建筑内部装修设计防火规范 GB 50222-2017;
(33) 民用建筑工程室内环境污染控制标准 GB 50325-2020;
(34) 建筑设计防火规范 GB50016-2014(2018年版);
(35) 防火门 GB12955-2008;
(36) 建筑地面设计规范 GB50037-2013;
(37) 电子工程环境保护设计规范 GB50814-2013;
(38) 建筑材料及制品燃烧性能分级 GB8624-2012;
(39) 民用建筑电气设计标准 GB51348-2019;
(40) 供配电系统设计规范 GB50052-2009;
(41) 低压配电设计规范 GB50054-2011;
(42) 通用用电设备设计规范 GB50055-2011;
(43) 建筑物防雷设计规范 GB50057-2010;
(44) 建筑物电子信息系统防雷技术规范 GB50343-2012;
(45) 建筑照明设计标准 GB50034-2013;
(46) 交流电气装置的接地设计规范 GB/T 50065-2011;
(47) 电力工程电缆设计规范 GB50217-2018;
(48) 电子工程防静电设计规范 GB50611-2010;
(49) 智能建筑设计标准 GBT50314-2015;
(50) 智能建筑工程质量验收规范 GB50339-2013;
(51) 综合布线系统工程设计规范 GB50311-2016;
(52) 综合布线系统工程验收规范 GB50312-2016;

(53) 安全防范工程技术规范 GB50348-2018；

(54) 视频安防监控系统工程设计规范 GB50395-2007；

(55) 出入口控制系统工程设计规范 GB50396-2007；

(56) 防盗报警控制器通用技术条件 GB12663-2001；

(57) 入侵报警系统工程设计规范 GB50394-2007；

(58) 电子会议系统工程设计规范 GB50799-2012；

(59) 气体灭火系统设计规范 GB50370-2005；

(60) 气体灭火系统施工及验收规范 GB50263-2007；

(61) 火灾自动报警系统设计规范 GB50116-2013；

(62) 火灾自动报警系统施工及验收规范 GB50166-2019；

(63) 自动喷水系统施工及验收规范 GB50261-2017；

(64) 自动喷水灭火系统设计规范 GB50084-2017；

(65) 通风与空调工程施工质量验收规范 GB50243-2016；

(66) 建筑通风和排烟系统用防火阀门 GB15930-2007；

(67)《北京市政府投资信息化项目评审管理办法》(京大数据办法〔2021〕2号)；

(68) 北京市财政局《关于印发〈北京市财政投资项目评审操作规程〉(试行)的通知》(京财经二〔2003〕1229号)；

(69) 北京市财政局《关于修订〈北京市市级项目支出预算管理办法〉的通知》(京财预〔2012〕2278号)；

(70) 其他相关法律法规。

第 4 章 信息化建设项目前期阶段审计

信息化建设项目前期阶段审计范围主要包括项目规划、项目建议书、可行性研究、立项前的事前评估或项目申请核准、相关主管部门的审批过程、初步设计及概预算情况，以及内部控制制度的建立及执行情况等方面的内容。前期阶段审计主要审核拟实施的信息化建设项目与主责部门（单位）职责的对应情况及发展规划的吻合度、前期项目的现状、业务现状、项目背景、项目必要性、预期绩效、项目投资（概算）、数据汇聚共享情况等，以确定项目的立项是否符合发展规划、是否必要、方案是否可行、绩效目标是否清晰、投资是否经济、筹资是否合规等。

4.1 事前评估及立项审计

4.1.1 事前评估及立项审计要点与方法

事前评估及立项阶段主要采用访谈（询问、会议等）、现场踏勘、审阅法、市场调查法等，必要时可采用分析性复核、标准图审计法、对比审计法、成本度量法等，重点审计项目前期筹备阶段的合法性、合规性、必要性和合理性等。

第4章
信息化建设项目前期阶段审计

（1）项目立项的必要性。审计信息化建设项目是否符合国家方针政策、地方政府的产业政策、财政资金支持的方向和范围，是否符合企事业单位整体发展战略，信息化规划是否合理并满足未来发展需要；审计有无盲目、重复建设等问题；审计项目建议书或可行性研究报告是否符合发展规划，信息化建设项目建议是否纳入该单位信息化规划，是否符合上级有关要求。

（2）项目实施方案的可行性。审计信息化建设项目是否经过了同行专家的充分论证，是否对项目全部建设内容进行了评估；项目整体是否经过专业评估；项目需求情况是否充分、必要，是否客观反映了工作的实际需求，选址是否恰当；可行性研究报告和项目初步设计方案是否合理完整，是否符合现有内外部环境，并满足未来发展需要；项目承担单位是否具备信息化建设项目的组织实施等能力；是否具有相关内部控制制度、是否设计了信息化建设项目实施的风险管理及应急响应机制；是否明确项目建设内容、管理团队、时间进度、质量管控、验收、运行维护的相关管控措施；是否具备实施的前提条件；是否有充分依据可在预期时间内完成项目内容。

（3）项目投入的经济性。审计信息化建设项目投入是否经济合理，项目建设的规模是否适度，投入是否具有可实现的预期产出；项目所需信息化设备概（预）算依据是否充分，对性能需求是否进行了充分论证；设备等单价是否符合现有市场行情，是否虚高。

（4）项目筹资的合规性。审计项目前置评审程序是否规范，是否按照前期评审要求落实整改并调整相关实施内容及概（预）算；项目概（预）算是否与前置评审或审批结果保持一致；资金来源是否合法合规、稳定、可靠、有保障。

（5）项目预期绩效目标的合理性。从宏观和微观角度审计项目投资的经济效益，全面评价整体布局、项目市场经济寿命、建设周期、社会效益和投资回收期等经济指标及其对投资效益的影响；审计项目预算执行的可行性、与绩效目标的匹配度等；审计是否充分评估了预期产生的绩效，绩效目标是否真实、客观、可评估。

（6）项目流程的合规性。审计信息化建设项目申报程序是否符合有关规定，是否履行了"三重一大"等决策审批流程，是否获得了主管部门的审批。

（7）项目的真实准确性。审计项目估算或概（预）算编制是否合法合规、真实合理，是否经过审批；审计项目估算编制程序、内容、标准等是否符合相关要求；审计项目概（预）算编制与批准的可行性研究报告与项目设计方案是否相符，是否存在超概算情况；审计设备及材料的采购价格、定制软件开发成本、系统集成费用比率等项目概(预)算编制是否准确。

(8) 项目资料的完备性。审计项目申报材料是否齐全、申报内容是否真实可靠,项目间或项目内部的匹配度是否完备,项目申报流程是否符合规定;是否存在前置程序不足的情况,是否存在前置环节论证不充分的情况。

4.1.2 事前评估及立项审计资料

事前评估及立项阶段所需的审计资料主要是信息化建设项目在立项环节所产生的各种过程文件,包括但不限于项目规划、项目建议书或可行性研究报告、项目论证报告、专家评审意见、主管部门的审批手续文件等,具体可参考以下清单:

(1) 单位的战略发展规划;
(2) 信息化规划及批复文件;
(3) 上级有关要求、批示文件等(如有);
(4) 项目建议书(可行性研究报告);
(5) 项目申报文本;
(6) 项目论证报告、评估报告或专家评审意见等;
(7) 项目实施方案;
(8) 项目相关说明;
(9) 项目概预算测算材料,包括但不限于采购报价对比材料、建设明细表和预算支出明细,人工工时估算依据,有关软件开发项目中技术难点的书面情况说明等(如有);
(10) 项目产品购置报价表;
(11) 设计图纸(如有);
(12) 项目绩效目标申报表或预期绩效报告;
(13) 项目过程管理与风险控制的内部控制制度及相关材料;
(14) 项目审查意见函;
(15) 其他相关资料。

4.1.3 事前评估及立项审计常见问题与表现形式

(1) 信息化建设项目必要性不强。表现为:未经充分论证,与国家、地方政府、企事业单位战略发展规划目标存在偏差,存在个别低端、落后项目;或过于追求高端框架,与现有环境匹配度不高,存在潜在执行风险。

(2)信息化建设项目可行性不足。表现为:整体缺乏统筹;设计存在缺陷,项目内部或项目间存在重复、缺漏;设计方案不清晰,缺乏整体方案,各项目间功能、设备互有交叉,缺乏统筹,项目切分不合理。

(3)信息化建设项目缺乏经济性。表现为:设备参数型号不匹配;设备缺乏功能描述、型号、规格、配置参数要求,设备报价无法评估;设备价格报价过高,单价无合理依据,如某设备型号现已无库存,单价却报的是最新型号的单价;设备间互不匹配,主板、CPU、硬盘等设备无法兼容;安装调试费、系统集成费、系统开发费用等预算过高,或缺乏合理依据;项目申报书与预算相互矛盾;项目论证专家不符合资格,均为相关公司人员,论证评审的专家立场存疑。

(4)项目申报流程不规范。表现为:前置审批未实施,或前置项目未完工;申报资料不完整,缺乏专业设计图纸,或对第三方出具的方案未经多方对比论证,直接搬用,导致方案适用性差,个性化设计不足。

(5)项目内部控制制度不完善,风险应对能力弱。表现为:缺乏项目执行管控措施、项目实施保障机制、质量控制、验收机制及运维实施方案;建设单位缺乏相关信息化建设项目实施及风险管控的制度,缺乏应急响应及风险防范方面的考虑。

(6)项目绩效目标不切实际。表现为:未经认真论证,项目目标过高或过低;缺乏数据无法评估。

4.2　信息化建设项目初步设计概(预)算审计

大型的信息化建设项目立项后,需要进行初步设计概算评审或预算论证、申报,主管单位或上级组织应按照一定流程,组织相应机构对初步设计概(预)算编制进行评审,审批通过后方可进入下一环节。本节包括初步设计概(预)算审计,统一表述为初步设计概(预)算审计。

初步设计概(预)算审计是确定整个项目建设规模、造价的重要环节。该环节的审计对大型信息化建设项目有着极为重要的意义。一是在事前开展审计可以使概(预)算编制更加完整准确,有效地控制项目投资规模和设计标准。将失误风险控制在项目实施之前,有助于促进统筹考虑设计的技术先进性与经济合理性,最大限度地减少论证不足、统筹不周带来的实施风险;有助于在实施阶段更有效地控制项目成本,减少投资缺口,提高投资绩效。同时,实施概(预)算审计在项目前期阶段划定了一条隐形红线,可以有效促进各利益相关方积极完善内部控制制度,加强造价管控,减少投资浪费。

4.2.1 初步设计概(预)算审计要点与方法

初步设计概(预)算审计主要采用现场踏勘、审阅法、市场调查法、分析性复核、标准图审计法、分组计算审计法、对比审计法、审计抽样(重点审计法)、成本度量法等方法,重点审计项目方案及概(预)算设计的合法合规性、真实合理性等。主要审计重点如下:

(1) 审计管理及决策流程合规性。审计初步设计方案及概(预)算申报程序是否符合有关规定,是否履行了"三重一大"等决策审批流程,是否经过主管部门的审批。

(2) 审计项目初步设计概(预)算方案内容的完整性。审查设计总概(预)算的内容完整性以及是否符合上级概算编制要求,设计概算的内容是否与设计图纸或实施方案一致,有无出现概算与图纸或实施方案不符现象。

(3) 审计项目初步设计概(预)算方案的合理性、可行性。审计初步设计概算是否符合经过批准的计划任务书的要求,是否按照批准的建设内容、项目编制,是否经过专家论证,是否符合立项范围及内容;审查设计总概算是否在批准投资估算限额或设计限额内。

(4) 审计设计方案可行性。审计项目是否完整,是否根据信息化建设项目需求进行全面合理的统筹规划,是否充分考虑项目整体负载,如是否符合建筑内电力设计、消防安全等要求;审查设计方案是否根据长远规划留有发展余地;审计设计方案整体可执行性,评估是否存在影响方案实施的不可靠风险。

(5) 审计概(预)算编制依据的合规性。审计编制概算所采用的定额、指标、材料及设备价格、系统集成费用、测评费用等取费标准是否符合现行规定;定制软件开发费用等具有特殊性、缺乏定额标准的费用,是否有合理的测算依据。

(6) 审计设计方案及概(预)算资料的完备性。审计概(预)算文件的内容是否全面、完整地反映设计方案的内容和要求;审计设计方案及概(预)算中有无缺项、漏项、多项或重复申报的部分,是否包括信息化建设项目所需的全部建设项目,是否将设计外的项目列入概(预)算。

(7)审计概(预)算费用测算的合理合规性、真实准确性。审计设备、材料的种类、规格型号和数量是否与初步设计中的设备清单和图纸相符,价格是否符合规定标准,计算是否准确,进口设备价格的计算是否合理;审查项目成本中的硬件配置标准是否符合有关规定,硬件的设备价格是否来源于政府采购网或者正规的经销商,设备费用是否有高报价格的现象。依据政府采购网对硬件设备的价格进行评估,如政府采购网没有可查询的硬件设备价格,需参考市场同类产品,至少选择三家正规的经销商的价格进行比对,得出可购买的价格作为参考价格。审查通用软件采购价格是否属于政府采购目录范围,如属于政府采购目录范围应按政府采购平台价格进行审核;审查非标准设备、定制开发软件等估价是否合理、合规。如果采购的软件不属于政府采购范围,应分析类似项目采购价格进行审核,并向软件厂家进行市场询价调查。对通用软件采购价格审核时应区分单机版软件还是授权版软件,并根据不同的授权类型分类进行价格审核。审查分析采购软件是新购软件,还是后增加软件,并按采购类型分别进行价格审核。审计工程量计算是否准确,是否存在重算漏算,是否符合计算规则;审计概(预)算定额指标是否正确套用;审计各种费用计取是否符合规定标准,人工、材料价格、取费是否合理,计算依据是否合理合规,计算是否准确;审计定额缺项估价是否准确,后续调整系数记取是否得当。

(8)审查工程其他费用的列项是否齐全且符合要求,系统集成费、管理费、安装调试费等的取费名称、取费基础、费率是否符合规定,计算基数是否准确,计算比例是否符合要求,是否超标准、是否重复列入概(预)算。审查项目的硬件集成费的计取是否合理,是否为具有资质的集成商来实施。集成费应根据项目的大小,按照硬件设备费用的3‰~7‰计取。

由于信息化建设项目涉及多种类别,其审计要点除上述内容外,还有极其特殊的事项,以下对定制软件开发类、软件及硬件采购类、运维服务类进行重点分析。

1. 定制软件开发概(预)算审计要点

对于定制软件类的预算审计应重点关注功能点计数的合理性及准确性。

(1)根据项目已知功能需求描述,审查功能点计数项计算是否准确、功能点的计数规则是否符合相关规定。

(2) 计算功能点计数项时是否对已经开发过的类似功能进行功能复用程度调整因子修正。

(3) 计算功能点计数项时应区分不同阶段(如估算、预算阶段)综合考虑隐含需求及未来需求对规模产生影响而进行规模变更调整因子修正。

(4) 根据软件行业基准数据(行业功能点耗时率)结合功能点计数项计算软件工作量上限、下限和最可能值。

(5) 根据项目应用类型、质量特征、开发语言、开发团队背景(同类行业及项目的以往经验)选取应用类型调整因子系数、质量特性调整因子系数、开发语言调整因子系数、开发团队背景调整因子系数。

(6) 计算、复核项目调整后工作量上限、下限和最可能值,并根据人月折算系数(人时/人月)折算人月工作量。

(7) 根据行业平均人力成本费率和市场询价确定人月工资单价(含设计人员、开发人员、测试人员、部署人员、用户文档编辑人员、质量保证人员、管理人员等直接人力成本,管理人员工资、奖金、福利分摊及房租、水电、物业、研发人员办公费、研发办公设备的租赁、维修、折旧分摊间接成本,开发方经营管理、市场销售费用分摊及税费、税后净利等毛利润),并结合项目人月工作量计算出直接人力成本和间接成本及开发方毛利润。

(8) 根据项目需求计算直接用于项目开发的办公费、差旅费、培训费、招待费、评审费、验收费、第三方测评费等业务费,专用设备费、专业软件费、技术协作费、专利费等采购费以及开发方为开发项目所需花费的其他费用等直接非人力成本。这部分成本占总成本的比例应符合同类行业水平。

(9) 包含在人月综合单价中的间接人力成本及间接非人力成本不应再单独计取。

(10) 根据项目开发工作量计算项目开发工期上限、下限及最有可能工期,结合项目实际要求工期与计算工期之间的差异,修正软件开发工作量及开发成本。

2. 信息化运维成本审计要点

(1) 根据项目已知功能需求描述,审查功能点计数项计算是否准确,功能点的计数规则是否符合相关规定。对于已完成的信息化建设项目,应根据已确定的系统边界和需求描述估算软件规模。

(2) 对于未确定的信息化建设项目,应根据隐含需求及未来需求对规模的影响进行规模变更调整因子修正。

(3) 根据软件行业基准数据(行业功能点耗时率)结合功能点计数项计算软件工作量上限、下限和最可能值。

(4) 根据项目运维水平、运维能力、运维系统特征选取运维水平要求因素调整因子系数、运维能力因素调整因子系数、运维系统特性因素调整因子系数。

(5) 计算、复核项目调整后工作量上限、下限和最可能值,并根据人月折算系数(人时/人月)折算人月工作量。

(6) 根据行业平均人力成本费率和市场询价确定人月工资单价(含供方运维人员成本及非全职投入运维人员成本等直接人力成本),运维管理人员工资、奖金、福利分摊及供方房租、水电、物业、运维办公费、运维办公设备租赁、维修、折旧分摊等间接非人力成本,供方经营管理、市场销售费用分摊及税费、税后净利等毛利润),并结合项目人月工作量计算出直接人力成本和间接成本及开发方毛利润。

(7) 根据项目需求计算直接用于项目运维的办公费、差旅费、培训费、招待费、评审费、验收费、第三方测评费等业务费,专用设备费、专业软件费、技术协作费、专利费等采购费以及开发方为开发项目所需花费的其他费用等直接非人力成本。这部分成本占总成本费用的比例应符合同类行业水平。

(8) 包含在人月综合单价中的间接人力成本及间接非人力成本不应再单独计取。

3. 信息化建设项目其他费用审计要点

对建设单位管理费、项目设计费、项目监理费、项目招标采购代理服务费、项目第三方测评费以及第三方结、决算评估费等其他费用进行审计,主要审计以下内容:

(1) 审核建设项目管理费用的计取是否超出《基本建设项目建设成本管理规定》(财建〔2016〕504号)规定。

(2) 项目设计费、监理费、招标采购代理服务费、结决算评估费等费用的计取是否符合相关文件规定。

(3) 项目第三方测评费应根据实际需要进行列项,并根据测评内容进行市场询价或参考类似项目进行评估。

(4) 审核项目基本预备费计取是否合理,项目基本预备费通常以"项目建设费用"和"项目建设其他费用"之和为基数的百分比计算,百分比可根据项目的具体情况确定。

4.2.2 初步设计概(预)算审计资料

初步设计概(预)算审计所需资料除项目立项阶段资料外,还需要重点审查以下文档:

(1) 项目请示文件、上级有关要求及批复文件等;
(2) 项目审查意见函;
(3) 项目建议书(可行性研究报告);
(4) 项目任务书;
(5) 项目设计方案;
(6) 初步设计方案及概(预)算详细资料文件;
(7) 设计图纸及说明;
(8) 概(预)算明细表;
(9) 项目建设情况说明;
(10) 项目造价说明;
(11) 项目相关需求规格说明书;
(12) 项目建设内容及调研、论证情况说明;
(13) 项目相关审核报告(如有);
(14) 项目绩效目标表或预期绩效报告;
(15) 项目过程管理与风险控制相关材料;
(16) 其他相关资料。

概(预)算明细表中,软件开发类预算内容应包括软件功能点、人工工时估算依据,有关软件开发项目中技术难点的书面情况说明等(如有);产品软件购置类预算内容应包括产品名称、版本及品牌、软件著作权证书编号、单位、数量、单价、合价等,通用软件之外的产品软件应提供软件著作权证书、价格测算依据(如成交价、三方报价、市场询价等材料)。配套设备购置类预算内容应包括设备名称、参考品牌、参考型号、规格参数、单位、数量、单价、合价等,同时应提供价格测算依据(如成交价、三方报价、市场询价等材料)。政务云服务费及其他云计算服务费,需提供必要的购买服务方案,以及与经费预算表相对应的价格测算依据。网络租赁费及其他设备租赁、托管费用,需提供必要的实施方案,以及与经费预算表相对应的价格测算依据。各类接入费用,需提供必要的接入方案或说明,以及与经费预算表相对应的价格测算依据。机房改造、综合布线、安防监控、视频会议及其他弱电系统等建安工程,需提供按国家或当地现行适用定额及相关规定编制的预算,以及预算相对应的工程图纸。

4.2.3 初步设计概(预)算审计常见问题与表现形式

(1) 未严格履行立项手续。表现为:申报资料不完整,缺少上级审批资料、任务书或项目需求报告;未进行专家论证,需求不清晰;立项阶段未履行审批流程。

(2) 项目内容与批复任务不符。表现为项目概算内容与批复的任务书不符;建设单位自身完成初步设计概(预)算能力不足,概(预)算设计与信息化项目建设核心内容间匹配度不足,设计规范性差,资料不齐全、不完整,无法支撑整个项目内容。

(3) 项目方案可行性差。表现为:项目咨询设计与承建主体未分离;建设单位委托第三方编制的初步设计概(预)算与项目单位之间匹配度差,建设单位未充分论证方案的可行性,缺乏统筹,存在单位不符、内容不符、场地不符等低级错误;存在项目设备参数不匹配、基础资料不全等基础问题。

(4) 内部控制不健全。表现为:建设单位缺乏对概(预)算设计环节的内部控制,方案编制方出于利益考虑一味追求高标准、高规格、高配置,巧立名目,高估冒算,导致需求失控,概(预)算价格虚高。

(5) 概(预)算不准确。表现为:初步设计概(预)算图纸、工程量、造价等计算不准确;施工图设计不规范,与现场不符;工程量计算不准确,与图纸不符;工程量及计价定额和规则套用错误;取费标准错误、计量单位错误、小数点错误、金额计算错误、合计错误等;系统开发费用计算依据不充分,缺乏相应标准;运维费虚高,缺乏依据;系统集成费、等保测评费等其他费用套用标准缺乏依据,导致费用畸高,远超正常标准。

(6) 经费预算来源未落实或超概算、项目预算不科学,缺少审核。

第 5 章
信息化建设项目招标采购阶段审计

信息化建设项目招标采购阶段审计范围主要包括但不限于对招标采购文件的审计、采购预算（招标控制价）审计、投标文件审计及待签合同审计。各项目建设单位全过程审计可根据实际需要，选择其中的关键环节进行审计。

全过程审计如采用第 3 章的组织方式 1（全过程跟踪审计模式）或方式 2（全过程审计分阶段跟踪模式），本阶段的审计可在项目立项确定预算后、招标采购各环节开展前进行，也可在招标采购后进行关键节点审计。

5.1 信息化建设项目采购文件审计

信息化建设项目全过程审计中的采购文件审计是指对采购文件（如招标文件、竞争性谈判文件、竞争性磋商文件、询价文件等）进行审计，以预防、控制和揭示风险的过程。

5.1.1 采购文件审计要点与方法

信息化建设项目采购文件审计的目标是验证审计文件的合法合规、公开公允、公平公正性。常采用访谈(询问、观察、会议等)、现场踏勘、审阅法、详查法(全面审计法)、市场调查法、功能点测算法、分析性复核、标准图审计法、分组计算审计法、对比审计法、审计抽样(重点审计法)、成本度量法及专家评审法等,审核资金批复手续及采购文件条款的合规性与合理性。主要审计重点如下。

(1) 审查项目是否已审批立项,相关审批手续是否完成、资金来源是否落实。

(2) 审查采购方式是否合规。审核单位是否有招标采购相关的内部控制制度且符合相关法律法规;审核单位的采购方式和组织形式是否符合政府采购或公开招标条件的要求;关注有无以内容涉密为由规避政府采购的行为;除符合法定单一来源采购条件(①只能从唯一供应商处采购的;②发生了不可预见的紧急情况,不能从其他供应商处采购;③必须保证原有采购项目一致性或者服务配套的要求,需要继续从原供应商处添购,且添购资金总额一般不超过原合同采购金额10%的),应建议选择公开招标等竞争性采购方式,一般不选择单一来源谈判方式。审查采取公开招标形式的是否公开发布招标公告;邀请招标或采用竞争性方式的确定是否报经有关部门审批、备案,采购文件是否公平公正;委托招标代理机构的确定是否合法、合规,是否具备行政主管部门认定的资格。审查是否符合单位内部控制的要求。

(3) 审核采购文件的资格条件。采购文件的资格条件的设定应尽量形成竞争,关注有无倾向性、排他性、唯一性,尽量做到公正和公平;审查各项指标要求中是否存在针对某个特定厂家的指向性指标,是否存在故意抬高投标人条件的内容。涉密信息化项目的承建单位应具备相关涉密项目资质。

(4) 审查技术文件是否满足招标要求,各项技术指标是否达到用户的设计要求。审核技术需求(参数指标)等有无排他性、指向性,是否存在控标性条款;关注设备国产化,关注有无"量体裁衣"、设定排他性条款或技术壁垒等;明确投标报价中应包括的费用、知识产权等要求。

(5) 审查采购文件的内容是否合法、合规,是否公开、公平、公正;是否全面、准确地表述招标项目的实际情况及招标人的实质性要求,内容是否完整。审查非招标类的采购文件是否明确了相应的程序、内容、合同草案条款及评分标准等事项;审查非招标类的采购评标程序是否符合谈判小组组成等要求,是否为3人以上单数,是否履行了相应的回避要求;审查是否具有不少于3家供应商参与非招标类的采购;确定成交供应商的程序是否合规。

(6) 审查单位是否建立了招标控制价的审核制度;审查项目招标控制价是否

控制在合理的水平,是否在批复的预算内,是否超过方案阶段的估算及批准的立项计划投资。审查项目建设周期、建设目标要求是否合理,审查招标的时间、澄清时间、投标有效期是否符合相关要求。审查投标保证金、履约担保的方式、数额及时间是否符合有关规定。

(7) 审查评标办法的选用是否合理。凡采用财政性资金的政府采购项目应按财政部相关规定采取综合评分法、低价优先法确定评标办法。关注技术方案(技术指标)分、案例分、价格分、商务分、现场测试或演示分等设置;审查评标办法是否公正、合理,是否存在故意抬高投标人条件内容,采购是否具有倾向性,关键设备指标有无排他性、唯一性等。审核评分标准是否先进合理、评委的组成是否满足有关规定。

(8) 审查单位是否建立有招标文件、合同的内部审核制度,审查招标文件及合同条款是否执行了内部控制制度的审核要求。审查招标文件及合同条款:①关注合同草案条款中条款是否完整、合理。合同草案中包括但不限于:当事人的名称或者姓名和住所;标的;数量;质量;价款或者报酬;履行期限、地点和方式;违约责任;解决争议的方法等。②合同中是否明确了工期、质量、质保、培训等要求,重点关注是否设计了免费质保(维保)期条款(一般为3年,在此基础上尽量延长),是否在合同中约定出保后续保资费比例。③审查合同中是否约定了验收办法,是否明确了供货期限、验收时间、试运行时限,以及技术验收和工程验收标准、程序和方法。④审查合同是否明确付款方式,是否满足项目资金风险控制要求。⑤审查合同中是否制定了违约惩处条款,是否对中标单位的工期违约、设备质量违约、施工质量违约及合同中其他条款违约明确处罚办法。

(9) 审查采购文件附带合同中是否设计了廉政条款,是否将投标保证金、履约保证金与廉政承诺挂钩,是否规定了如发生行贿、围标、陪标等情况,依约进行处罚。

(10) 如事后审计,则还需审查招标程序设计的合理、合法性,评标、定标工作的公正、公平性。

(11) 其他需要审计的内容。

5.1.2 采购文件审计资料

采购文件审计需要提供以下资料(包括但不限于):

(1) 政府采购批复文件、预算批复明细及前置审计报告(如有)。

(2) 招标文件、采购需求任务书(包括评分评标细则、采购清单、商务要求、技术要求、质保期限及售后服务要求等)。

(3) 有关未采纳预算审计意见的说明(适用于进行过预算审计的项目)。

5.1.3 采购文件审计常见问题与表现形式

(1) 采购程序不规范。表现为：采用系统配套、保证一致、保密、不可抗力等各种理由、各种方式规避公开招投标；政府采购、招投标程序、单一来源、竞争性磋商等程序欠规范；招标代理机构的选择未经集体研究、不符合采购程序；招标工作组织不力，招标方案表述不当，投标保证金不到位，未按时组织相应进程导致失败风险等。

(2) 采购文件条款不合理。表现为：招标文件、采购参数、合同条款等有限制性、排他性或倾向性、指向性条款；评分标准不合规，有倾向性；廉政要求未写入招标文件等。

(3) 内部控制程序不健全。表现为：未经批准擅自启动项目采购程序；采购文件、合同条款、招标控制价等未经审批流程擅自发布；项目缺乏保密的相关内部控制或措施落实不到位。

5.2 信息化建设项目招标控制价的审计

招标控制价审计是指项目招标前对项目中的设备、材料、工程及其他费用清单控制价预算进行审核的过程。招标控制价审计是整个信息化建设项目预算管控的关键，各单位可根据全过程审计组织方式选择恰当的时点进行审计。

5.2.1 招标控制价审计要点与方法

招标控制价审计主要审核清单控制价的合规合理性，通常采用访谈(询问、观察、会议等)、现场踏勘、审阅法、详查法(全面审计法)、市场调查法、功能点测算法、分析性复核、标准图审计法、分组计算审计法、对比审计法、审计抽样(重点审计法)、成本度量法等审计方法,主要审计重点如下:

(1) 审查招标控制价是否超批复的概(预)算。

(2) 审查清单控制价编制是否完整客观真实、报价是否合理,材料、设备取价是否参照工程造价管理机构发布的工程造价信息及市场信息价格,是否符合市场行情价格。

(3) 审查项目的软件开发成本、定制软件和硬件价格、系统集成费用比率等项目预算是否准确。

(4) 审查招标控制价清单中的主要技术参数是否明确,清单控制价预算是否与批复的预算、实施方案、设计图纸存在项目不符、内容不符等问题。

(5) 审查招标控制价清单预算是否存在多列项、多计人工费或等保测评费等高估冒算的问题;审查项目的集成费的计取是否合理,是否由具有资质的集成商来实施(集成费应根据项目的大小,按照硬件设备费用的 3%～7% 计取);审查硬件的设备价格是否来源于政府采购网或者正规的经销商,设备费用是否有高报价格的现象;审查定制开发软件按功能点编制的清单预算是否合理,软件和硬件及系统集成费,以及检测、培训、维保等服务费用采购预算是否合理;审查是否存在简单的计算错误等问题。

由于信息化建设项目技术要求高、科技性强、变化快,尤其是涉及的软、硬件等市场价格变动频繁,审计时人工单价考虑结合当地的实际情况进行合理控制;系统集成费用的合理性要统筹考虑项目系统集成部分的技术难度,项目中开发、采购、研发及集成各部分的比例,系统集成费率收取比例的惯例;审计硬件时可根据主要技术指标,选择相同配置的同类 3 家品牌价格作为参考价格,建议审计人员充分利用各种价格来源渠道获取信息,确定合理价格;对于定制软件,审计人员需在深入了解系统功能点的基础上参考《中国软件行业软件工程定额标准(试行)》对软件成本做出合理估算。[45-49]

5.2.2 招标控制价审计资料

招标控制价审计的送审资料一般包括但不限于:

(1) 项目需求任务书。

（2）预算批复文件。

（3）招标控制价清单预算及编制依据（内容包括但不限于所有设备、主材、通用软件价格和费用清单，其中每项设备、主材应提供类型、参考品牌及型号、数量、主要技术指标、质保期限及售后要求，主要配件要分别列出细分型号、单价和总价等；通用软件应提供性能参数要求、参考厂商、软件版本号、服务授权类型、技术指标、主要功能模块、质保期限及售后服务要求、单价和总价等），同时提供编制依据的相关规定（如有）。

（4）其他费用明细资料。如果项目中涉及其他费用（如培训费、实施费、软件集成费、维护费、差旅费用等），需单独列出费用明细，不得包含在软件费用中。

（5）其他在特别情况下需要提供的材料。

5.2.3 招标控制价审计常见问题与表现形式

（1）招标控制价超批复的概（预）算。表现为：招标文件中的招标控制总价超批复的概算或预算；招标控制价中某些分项超批复的预算，如设备费、工程费或系统集成费超批复的概（预）算。

（2）招标控制价清单明细项不完整、不准确、不客观。表现为：清单项目缺项、漏项、重复项；参数不正确，与批复的项目任务书不符；清单预算不合理，某些设备、材料或费用不符合客观实际，或存在排他性设计。

（3）招标控制价清单预算计算错误。表现为：总价与分项合计不等；合计金额不等于数量与单价之积；取费金额与比例及依据不符；小数位数错误、金额单位错误，如元及万元不同标准直接计算等。

5.3 信息化建设项目投标文件审计

5.3.1 投标文件审计要点与方法

投标文件审计主要审核采购程序、采购过程文件的合规性和合理性，通常采用访谈（询问、观察、会议等）、审阅法、详查法（全面审计法）、市场调查法、功能点测算法、分析性复核、标准图审计法、分组计算审计法、对比审计法、审计抽样（重点审计法）、成本度量法等审计方法。主要审计重点如下：

（1）审核建设单位是否在正式采购文件中落实了上个环节的审计意见，包括审计建议的落实和招标控制价的落实。

（2）依据完成的采购资料对采购过程中的合规性进行审核，防止围标串标。主要包括但不限于：审查采购信息是否在合规的网站上公示；审查采购信息公示时间是否符合法律规定；审查投标供应商是否满足3家或以上；审查评标报告是否按照相关规定编写；审查评标专家选取是否合规并存在相关依据；审查评标专家评分是否客观正确；审查投标供应商之间是否存在围标串标的嫌疑。

（3）分析报价构成的合理性，并提出意见，提醒相关部门做出应对措施和策略。对投标报价的审查包括报价的算术性检查、符合性审核和合理性审核。

① 投标报价算术性检查。审核投标报价中大、小写金额是否一致；总价金额与依据单价计算出的结果是否一致，否则应按单价金额修正总价，但单价金额小数点有明显错误的除外。审查各清单项目单价乘以工程量（或基数乘以费率）是否与综合合价一致；审查各清单项目综合合价相加是否与合计一致；审查措施项目费、规费、税金提取的费用比率与基数的计算是否准确；审查分部分项清单、措施项目清单、其他项目清单中各子项相加是否与合计一致；审查费用汇总中提取的分部分项工程费、措施项目费、其他项目费是否与单个分项合计数一致；检查各分项合价相加是否等于合计。

② 投标报价符合性审核。审核投标报价是否在招标控制价范围内，超出招标控制价的投标报价一般根据招标文件规定应为无效报价。投标报价中是否按招标文件给定的清单进行报价，修改清单的投标报价一般根据招标文件规定应为无效报价。审核投标报价中的清单项是否按招标文件给定的清单项进行报价，一般情况下未按招标文件给定清单项进行报价的投标价格，根据招标文件规定应为无效报价。规费、税金、安全文明施工费、系统集成费、安全测评费是否按规定的费率进行报价，计算的基数是否准确，审核招标文件约定的其他投标报价的符合性。

③ 投标报价合理性审核。审核分部分项工程量清单项目中所套用的定额子目是否得当、定额子目的消耗量是否进行了调整，并分析调整的原因是否符合相关要求。审核清单项目中的人工单价是否严重偏离当地劳务市场价格及工程造价管理机构发布的工程造价信息，有无不符合当地关于人工工资单价的相关规定。应

当根据所在市现行建设工程造价计价办法及有关规定，参照编制期所在市建设工程造价管理处发布的《××市工程造价信息》中的人工市场价格信息（以下简称人工市场信息价），并结合工程的具体情况及市场行情确定，但不应低于人工市场信息价的下限。审核材料设备价格是否严重偏离市场公允价格及工程造价管理机构发布的工程造价信息。审核综合单价中管理费费率和利润率是否严重偏离企业承受的能力及当地造价管理机构颁布的费用定额标准。审核综合单价中风险费用的计取是否合理，对超出规范规定的风险比例应分析原因。对比其他投标单位的投标报价，对造价权重比例较大的清单项目综合单价进行对比，分析综合单价的合理性。根据招标文件、合同条件的相关规定，审核措施项目列项是否齐全；审核措施项目计取的比例、综合单价是否合理，有无偏离市场价格。审核措施项目费占总价的比例，并对比各投标单位的措施项目费，看措施项目费是否偏低或偏高。根据招标文件规定的总承包服务内容，核实投标报价中计取的服务费用是否合理，对投标报价中承诺的服务内容是否与招标文件、合同条件要求一致。审核总说明中的报价范围是否与招标文件约定的内容一致、材料设备的选用是否满足招标文件的要求。应认真分析总说明中特别说明的事项，看是否与招标文件要求一致，避免中标后投标文件的效力大于招标文件而产生纠纷。审核投标书的内容是否齐全，综合单价分析表是否满足招标文件及规范的要求，综合单价分析表提供的是否齐全。

对审计发现的异常问题，属于废标条款问题，全过程审计单位或部门应及时与招标部门沟通；非废标条款问题，审计单位应及时向招标部门提出审计建议，招标人可根据审计建议，在签订合同前，对投标中的不平衡报价或其他未决事项，要求投标人进行澄清，提出处理意见，并在后期的工作中对可能出现的问题加强管理。

5.3.2 投标文件审计资料

（1）正式招标文件、谈判文件或询价通知书（包含需求文件、招标公告、招标文件、谈判文件或询价通知书、评标报告或评审报告、中标通知书等）。

（2）中标人投标文件或响应文件。

（3）中标人的相关资质等级证书（如投标文件中包含，可在投标文件中做标注）。

（4）中标人所有投标承诺（如投标文件中包含，可在投标文件中做标注）。

（5）有关未采纳招标前审计意见的说明（适用于进行过招标前审计的项目）。

(6) 其他在特别情况下需要提供的材料。

5.3.3　投标文件审计常见问题与表现形式

(1) 投标人资质或业绩与采购文件要求不符。一般表现为：公司或项目负责人不具备相应资质；公司业绩达不到要求；项目负责人同期负责多个项目；项目负责人学历、资质文件造假；公司业绩造假等。

(2) 投标人间存在关联关系。表现为：两个或两个以上投标公司存在关联关系；公司法人、高管存在关联关系；属于同一集团、协会、商会等组织成员的投标人按照该组织要求协同投标；公司商务文件水平显著高于其技术方案水平，存在陪标嫌疑。

(3) 有合理的证据表明不同投标人间存在合谋。表现为：不同投标文件由同一单位或者个人编制（可通过电子文件的作者、同一 KEY 等判断）；不同投标人的投标文件由同一单位或同一人办理投标事宜；投标保证金由同一公司交纳或退回至同一公司账户；不同投标文件中存在共同成员；不同投标文件间存在异常一致（关键内容的重复度、相同的错误或错别字）；不同投标人的投标文件相互混装。

(4) 投标文件报价计算错误。一般表现为：投标金额单位错误；投标总价大小写金额不符；投标总价与分项合计不等；投标分项金额小计错误；分项数量单价合计与金额不符；各项费用费率与基数计算错误；小数点错位等。

(5) 投标报价与采购文件要求不相符。一般表现为：超标准、超范围报价；投标总价超招标控制价；投标清单与采购文件清单不符；投标的相关费用（如规费、税金、安全文明施工费、系统集成费、安全测评费等）超规定费率或不符，费率计算基数与要求不符等。

(6) 投标报价不合理。一般表现为：清单项目套用的定额子目不恰当，定额子目的消耗量调整不符合相关要求；人工单价严重偏离当地劳务市场价格或工程造价管理机构发布的工程造价信息，不符合当地关于人工工资单价的相关规定；材料设备价格偏离市场公允价格及工程造价管理机构发布的工程造价信息；管理费费率和利润率严重偏离企业承受的能力及当地造价管理机构颁布的费用定额标准；某清单项目的综合单价显著超出其他投标人；措施项目计取的比例、综合单价的价格偏离市场价格；其他费用费率显著偏离相关标准及要求。

5.4 信息化建设项目待签合同审计

5.4.1 待签合同审计要点与方法

信息化建设项目全过程审计中,待签合同审计一般在合同文本准备完善后,双方代表签字盖章前送审,通常采用访谈(询问、观察、会议等)、审阅法、详查法(全面审计法)等审计方法。主要审计内容包括但不限于:

(1) 合同主体合规性审计。审查经政府采购产生的合同主体(供货方)是否为经政府采购产生的中标人;审查非经政府采购产生的合同主体的供货方法人资格及年审情况是否符合法律法规;审查供货方经营范围是否与采购要求相符;审查供货方是否具备相应的履约能力;审核授权委托代理人的代理资格的合法性等是否符合相关要求。

(2) 对合同内容的审计。严格审查采购合同内容的合法性、真实性、有效性及可行性,是否存在损害国家、集体或第三者利益等导致合同无效的风险。

(3) 对合同条款的审计。按《合同法》规定逐项审计采购合同的必备条款:①审核当事人双方名称或姓名和住址,主要审查合同单位名称与中标单位、营业执照名称、加盖的合同专用章名称、住址与营业执照登记的法定地址是否一致;②审核合同标的,重点审查合同标的材料设备等物资与按计划要求实施采购物资是否相符;③审核合同采购数量及质量要求是否符合采购范围及要求,数量、计量单位、金额是否准确;④审核价款或报酬是否与采购文件一致,审查招标采购的合同价格是否为中标价格,非招标采购的价格是否经过市场调查、询价、比价,是否高于市场价,价格是否含税,是否包括运费、装卸费等相关费用;⑤审查结算方式及期限是否符合要求,采购合同是否明确结算方式和付款期限,是否符合有关结算规定,付款期限是否明确是一次性付款,还是分期付款,是否经验收、入库等相关程序,是否预留一定比例的质保金,质保金返还的最后期限等是否符合项目实际;⑥审查交付标的物方式、时间、地点是否符合项目需求;⑦审查验收标准、方法、地点及期限是否符合项目实际,是否明确验收标准是采用国家标准、行业标准还是技术标准,是否明确验收方式,是否约定验收程序、期限的违约责任及解决办法;⑧合同的违约处罚是否具体明确,如是否明确违约金的比例、赔偿范围、赔偿方式等,是否确定解决争议的方式,如协商、仲裁或诉讼,首选法院是哪家;⑨审查合同的实际履行情况及变更情况,变更理由是否真实、合理,变更合同是否采用书面形式,并履行变更批准、审签手续等;⑩审查合同是否设计廉政条款,合同附件是否明确招标文件、投标文件及供货方在投标过程中所做的承诺等是合同的组成部分。

(4) 合同价款审计。审查合同金额是否超出项目预算审核金额范围;对于通过招标方式确定供货商的采购项目,合同所购物品的价格是否符合市场公允价格、是否合理,是否响应招投标文件、是否符合采购现场谈判及承诺情况等;未经过政府采购的项目,合同价款是否完整、价款是否合理,是否符合市场价格;合同确定的价格标准、服务内容是否规范,是否履行相应程序。

5.4.2 待签合同审计资料

(1) 待签合同文本及其附件;
(2) 招标采购资料(招标文件、投标文件、澄清或承诺文件、中标通知书等);
(3) 其他在特别情况下需要提供的材料。

5.4.3 待签合同审计常见问题与表现形式

(1) 未按评标结果选择第一中标候选人为合同供应商。
(2) 评标程序和人员不合规,评标程序或遴选过程组织不恰当,存在异议及纠纷风险。
(3) 合同重要条款与招标采购文件不符。合同关键条款变更,与招标采购文件不符,降低了对某些质量、技术参数、服务等的要求。
(4) 中标通知书发放和合同签订日期存在显著异常。例如:日期倒置、后补、空白等;合同签订日期晚于合同开工日期;合同签订日期早于中标通知书发放日期;合同签订日期早于评标日期;中标通知书发放日期早于评标日期或与其时间间隔短于公示期要求天数等。
(5) 合同金额与中标通知不一致。超过中标价或超过招标控制价。

（6）合同付款方式不合理。表现为存在首付款比例过高、提前付款、缺乏付款条件约定（如数量、质量、服务内容、记录等）、未经验收直接付款等容易造成潜在付款风险的条件。

（7）合同条款不齐全。缺乏违约条款、责任义务条款、质量验收条款等关键条款，或缺乏投标文件中或中标前关于重要事项的承诺条款。

（8）其他对合同金额有影响的内容。

第 6 章 信息化建设项目实施阶段审计

信息化建设项目实施阶段审计范围主要包括但不限于建设单位内部控制审计、项目变更审计、款项支付情况审计、信息系统审计、信息安全审计及项目验收审计。各项目建设单位全过程审计可根据实际需要，选择其中的关键环节进行审计。

6.1 信息化建设项目内部控制审计

6.1.1 信息化建设项目内部控制审计要点与方法

信息化建设项目内部控制对项目的顺利实施、投入使用有着非常重要的影响。一般情况下，信息化建设项目内部控制审计重点关注与项目相关的内部控制制度建设及执行情况。审计方法常采用访谈（询问、观察、会议等）、审阅法、详查法（全面审计法）等，对内部控制制度及其执行情况进行检查。主要审计重点如下：

（1）审查被审计单位是否建立了整体发展规划、信息化相关规划。

（2）审查被审计单位是否按照国家财经法规和有关制度规定建立了单位层面及业务层面的内部控制制度。

(3) 审查被审计单位层面的内部控制是否健全。审查被审计单位是否启动并完成了内部控制建设;单位主要负责人是否承担了内部控制建立与实施责任;被审计单位是否建立了对权力运行的制约机制;内部控制制度是否健全完备;被审计单位不相容岗位与职责是否分离控制;被审计单位是否采用技术手段(如建立内部控制管理信息系统)以助力内部控制执行。

(4) 审查被审计单位监督机制是否健全。审查被审计单位是否建立了管理机制与风险评估、监督制约机制;是否定期评价与监督信息化建设项目内部控制的执行情况。

(5) 审查被审计单位信息化相关业务层面的内部控制是否健全。审查被审计单位预算业务管理控制、收支业务管理控制、政府采购业务管理控制、资产管理控制、信息化建设项目管理控制、合同管理控制等制度是否健全;是否对信息化建设项目规划、立项、招标采购、资产管理、合同管理、运行维护、资金管理等各个阶段的关键风险点进行了详细分析;是否设计了关键风险点的防控措施并形成制度,尤其关注是否建立了信息化建设项目的项目管理、质量管理、验收管理、应急响应、运行维护、风险评价与监督、绩效考评等管理制度。

(6) 检查信息化建设项目内部控制制度的执行情况,审查被审计单位信息化建设项目管理模式,各相关部门的管理权限、审批流程是否符合内部控制制度的要求;审查被审计单位信息化建设项目监督制约机制的执行情况、近年来发生的相关问题及处理结果。审查信息化建设项目的投资立项、概(预)算、采购招标、重大变更等是否符合单位"三重一大"要求,是否履行了向单位办公会或党委会报告并经相关部门批准等程序。审查项目是否按照政府采购或招投标流程进行采购;关键文档如招标文件、合同是否经相关部门审核批准后实施;大项经费开支是否履行了相应审批流程,是否按相应权限进行审批后支付;是否对经过验收的资产进行入库管理;是否定期对信息化建设项目的绩效进行评价;是否定期分析信息化建设项目风险并进行监督检查等。

(7) 审查其他内部控制制度执行的有关情况。

6.1.2 信息化建设项目内部控制审计资料

(1) 被审计单位内部控制制度汇编。

(2) 被审计单位信息化建设项目管理机制、风险评估机制、监督制约机制等相关文件、会议纪要、通知、检查实施结果、报告、整改等资料。

(3) 信息化建设项目相关办公会会议纪要、党委会会议纪要。

(4) 投资立项、概(预)算、采购公告、招标文件、合同、重大变更记录单等相关文件、资料。

(5) 相关会计凭证、账簿等。

(6) 其他相关资料。

6.1.3　信息化建设项目内部控制审计常见问题与表现形式

(1) 被审计单位信息化相关内部控制制度不健全。表现为单位层面未建立信息化建设项目相关管理机制,缺乏风险评估工作机制、监督制约机制;缺乏风险评估工作方案;业务层面未对信息化建设项目各流程的关键风险点进行详细分析;未设计关键风险点的防控措施;缺乏信息化建设项目的项目管理、质量管理、验收管理、应急响应、运行维护、合同管理、风险评价与监督等管理制度;合同管理流程不健全,缺乏关键风险点界定及防控措施;未明确政府采购业务、资产业务、建设项目、合同业务中的不相容岗位等问题。

(2) 信息化建设项目内部控制制度执行不到位。表现为未按照相关审批流程进行审批;项目立项、概(预)算、采购、招标、合同、变更、付款、结算等重大决策未经办公会或党委会审议;未按照规定的政府采购及招投标流程确定供应商,比如应公开招标的项目未采用公开招标,而是采用竞争性磋商方式;信息化建设项目资产未进行验收,应入库未入库;未定期对资产进行盘点,账实不符;未按照合同条款付款;合同管理执行不到位,存在未审核签约主体资格、信用情况,或合同条款未经审批,或导致产生重大风险或形成重大损失;单位层面缺乏对项目负责部门、关键负责人的监督,导致产生重大影响、形成重大损失等。

6.2　信息化建设项目款项支付审计

信息化建设项目付款对被审计单位合同履约、信用评价,以及确保信息化建设项目的顺利实施、投入使用有着重要的影响。

6.2.1 款项支付审计要点与方法

一般情况下,信息化建设项目款项支付审计常采用访谈(询问、观察、会议等)、审阅法、详查法(全面审计法)、分析性复核、标准图审计法、分组计算审计法、对比审计法、审计抽样(重点审计法)、成本度量法等审计方法,重点关注款项支付的合法性、合规性及合理性。

(1) 审查款项支付的合法性。重点关注款项支付是否根据恰当的合同、协议付款,是否满足付款条件;是否按照合同的付款时点支付,是否存在提前付款;是否按照合同约定的付款比例或金额支付,是否支付到合同履约方账户或双方指定的共管账户;是否按合同要求确保有相应的质保金。

(2) 审查款项支付的合规性。审查信息化建设项目是否按实施进度控制款项支付进度,项目资金管理是否严格;审查大额款项支付是否有相应的采购预算;是否与预算明细一致,是否无预算、超预算支付,是否履行了相应的预算调整审批流程;大额支付是否符合被审计单位"三重一大"要求经办公会或党委会审批;所有款项支付是否符合单位审批权限经相应负责人签批;设备采购是否符合单位的政府采购或招标流程,是否经过验收,是否办理入库手续等。

(3) 审查款项支付的合理性。审查付款事项是否真实发生的事项、是否与项目实际进度一致;发票是否真实、正确,发票税率是否与合同约定一致,审查发票开具方是否为合同供应商,是否确保了合同、发票、付款一致等。

6.2.2 款项支付审计资料

(1) 单位的内部控制相关制度;
(2) 信息化建设项目批复的预算明细;
(3) 合同;
(4) 供应商的请款函;
(5) 采购、验收、入库及其他相关资料;
(6) 发票及其他财务资料;
(7) 其他相关资料等。

6.2.3　款项支付审计常见问题与表现形式

（1）款项支付与合同不符。表现为：无合同（协议）付款；付款单位非合同单位；付款金额与付款条款不符；付款时间不符合合同条款约定，存在提前付款现象，或拖延付款时间过长导致出现潜在法律风险；未办理相关验收、入库等合同约定的手续付款等。

（2）无预算、超预算支付。表现为：信息化建设项目支出符合总预算金额，但相应发票付款项与预算项不符，无预算或超预算支付，如设备费预算结余、系统集成费预算超标等。

（3）款项支付审批流程不到位。表现为：未按照内部控制要求经相应会议决策、未经相应负责人签批；前置环节如资产验收未审批、入库单未经审批等；付款审批存在补签、漏签、未经授权代签等情况。

（4）发票等相关资料不合规。表现为合同方、发票开具单位不一致、发票税率与合同约定不一致，付款单位与发票单位、合同单位不一致等情况。

6.3　信息化建设项目实施及变更审计

信息化建设项目实施及变更审计是对由于项目环境或者其他原因而对项目的功能、性能、架构、技术指标、集成方法、项目进度等方面做出改变的审计。

6.3.1　信息化建设项目实施及变更审计要点与方法

信息化建设项目实施及变更审计常采用访谈（询问、观察、会议等）、现场踏勘、审阅法、详查法（全面审计法）、市场调查法、功能点测算法、分析性复核、标准图审计法、分组计算审计法、对比审计法、审计抽样（重点审计法）、成本度量法等审计方法，对照信息化建设单位的工程变更洽商管理办法，审查变更程序的合规性、合理性的过程。

(1) 审查信息化建设项目管理情况。审查项目管理组织是否有序、健全,是否专人负责;有关研究项目建设情况的记录资料及其他资料是否齐全;是否严格按照项目需求控制进度、质量及付款,是否严格按照单位信息化建设项目的内部控制制度执行;是否组织相关专业人员对技术方案进行深化研究;信息化建设项目需求管理是否到位,是否开展了相应的测试、第三方检测或专业测评,是否进行了功能初验或项目的初步验收;是否设计了相应的监督检查措施并实施监管;项目建设单位、项目责任人(含负责人及经办人)是否做出并践行廉政承诺,是否签订保密协议并约束项目建设单位按协议约束员工履行保密协议;软件开发项目是否拥有知识产权,源代码是否移交,是否具有创新性。

(2) 审查项目实施管理情况。审查项目进度是否符合合同约定的工期要求,其他增值性条款是否按合同进行,运行及维保是否按合同要求响应;审查项目是否按照方案和合同约定进行施工或开发,是否存在降低配置、改变需求或以次充好,是否存在需求或功能未实现的情况;项目是否按照设计方案或图纸资料(如系统架构图、网络拓扑图、平面布置图或综合布线图等)进行施工;项目监理是否对设计、开发、安装部署、变更、运维等过程进行有效的监督和管理。

(3) 根据项目需要审查项目运行维护情况。审查信息化建设项目、运维项目、软件开发类项目实施中项目管理部门是否对系统运行日志(审计系统)进行检查;是否对软硬件结合度和系统响应时间、系统运行稳定度进行检查,网络相关项目和信息系统、开发等项目是否对开发能力、系统功能与设计方案的一致性进行检查;对响应敏捷程度是否符合项目需求进行检查;是否对授权控制系统的准确性和安全程度进行检查;是否对系统的稳定性、可靠性、安全性进行评价。

(4) 审查变更的合理性。审查变更的理由是否充分,办理变更的前置条件是否符合合同约定;审查变更设计方案或项目需求、功能、设备、施工等是否合理,设计方案变更是否由原设计单位出具设计方案变更通知单和修改方案,手续是否完备,内容是否真实合理,是否经设计、校审人员签字并加盖公章;审查变更是否为经济变更,审查变更价格是否真实,变更的预估金额是否合理。

(5) 审查变更的预算合规性。重大的设计变更是否经原审批部门审批,是否有相应预算;审查设计变更是否经系统建设方项目管理部门或相关会议决策、监理单位审查同意。

(6) 审查变更流程合规性。审查变更的程序是否符合合同约定,是否符合建设单位的内部管理规定;审查变更对项目进度的影响;审查现场签证是否经项目建设方管理部门审批同意,是否经项目建设单位、监理单位、供应商三方共同签字、盖章确认。

6.3.2　信息化建设项目实施及变更审计资料

(1) 项目进度计划、形象进度、请款函等。
(2) 项目开工许可、项目施工日志、施工图纸、设计方案、审批的预算等相关资料。
(3) 保密协议、廉政承诺书、合同。
(4) 入库单、验收报告、相关测试、测评报告等。
(5) 相关科技成果,如软件著作权、专利证书、源代码清单等。
(6) 变更洽商审批表。包括变更的分部分项名称、项目的基本情况、变更的主要内容、变更的主要理由、变更是否涉及经济变更等。
(7) 变更方案。
(8) 工程量、投资变化对照清单和分项概预算文件。
(9) 监理日志、监理报告等。
(10) 相关技术专题会会议纪要及其他相关会议纪要。
(11) 信息化建设项目工程师审核意见、项目管理单位相关审核意见。
(12) 其他相关材料。

6.3.3　信息化建设项目实施及变更审计常见问题与表现形式

(1) 信息化建设项目档案不完整。表现为:项目管理缺位,缺乏专人负责;记录资料及其他资料不齐全影响工程进度、工程结算与决算。
(2) 项目需求管理不到位。表现为:未对项目实施方案进行深化研究,工程进度受阻;项目需求管理不到位,反复变更导致造价失控。
(3) 项目监督检查不到位。表现为:缺乏相应的监督检查措施或未实施监管,导致项目失败或质量、技术不达标,验收未通过;未开展第三方检测或等保测评,导致项目可靠性、安全性存在较大风险;对合作供应商、服务提供商(如项目监理等)监督和管理不到位,导致合作方未能有效履职;廉政要求及监督不到位,未签订保密协议,存在潜在风险等。

（4）项目进度管理不到位。表现为未按照项目需求控制进度,影响工程整体进度,未对项目进度进行实时检查,未按项目进度付款,导致质量达不到要求、技术标准检查不过关、工程延期等问题。

（5）项目质量与验收管理不到位。表现为：未对项目质量进行定期督查,对未按方案和合同约定进行施工或开发的行为未能及时发现,导致草草验收,或降低配置、改变需求、以次充好,需求或功能未完全实现；项目未按照图纸或要求施工,导致无法更改或变更项增加、造价失控等风险；未对服务提供情况,系统的稳定性、可靠性、安全性进行监督和评价,导致未能达到技术标准和服务要求。

（6）项目变更造价管控不到位,流程不合规。表现为：项目变更理由不充分,重大设计变更未经相关会议决策、监理单位审查同意,或未经审批部门同意直接变更；变更手续不完备,变更价格无预算或超预算,变更的预估金额不符合市场行情或标准；变更的程序不符合合同约定或单位内部控制要求；签证未履行审批流程。

6.4 信息化建设项目信息系统审计

信息化建设项目中常包含各种应用系统及定制开发的软件产品,为验证信息系统建设的合法合规性、信息系统的可靠性和安全性、信息系统运行的经济性、数据的完整性、不可篡改性及其相关信息技术内部控制的有效性,需要对其进行审计检查与评价。因此,信息化建设项目全过程跟踪审计在必要时可以进行信息系统审计。

信息系统审计的目的是通过实施信息系统审计工作,对组织信息系统投资的有效性、效率和效果等绩效目标的实现程度进行评估；对是否达成信息技术的管理目标进行综合评价,并基于评价意见提出管理建议,协助组织信息技术管理人员有效地履行其受托责任以达成组织的信息技术管理目标。通过开展信息系统审计,验证信息化建设项目投资是否实现了该组织的信息化战略规划,对信息系统的可靠性、稳定性、安全性及数据处理的完整性和准确性进行评价,以提高信息化建设项目的投资效果与效率,合理保证信息系统的运行符合法律法规及监管的相关要求。[47-75]

6.4.1 信息系统审计要点与方法

信息系统审计主要包括对单位层面的信息技术控制、信息技术一般性控制、业务层面相关应用控制的审计以及其他必要的专项审计(如信息安全审计等)。[49-75] 审计对象主要包括单位内部控制制度、人员、组织结构等,以及信息化建设项目中的应用系统、设备、网络、数据库、软件、服务等。

审计要点包括但不限于以下内容:

(1) 单位或组织层面信息技术控制的合法合规性。审查内部控制环境如信息化规划与单位整体发展规划的契合度,信息技术部门的组织架构等是否合理有效;审查对信息资产的管理是否有效,是否建立了相应的风险识别及应对机制;审查信息技术部门的职责分工及审批授权、应急处置等相关机制是否健全;审查信息系统对整个业务流程及政策、安全机制的响应情况;审查是否建立了信息系统监督、反馈及跟踪处理、自我评估机制等。

(2) 审查信息技术一般性控制的有效性。重点审查组织是否建立了信息系统正常、高效、持续、可靠运行的制度和流程,以确保建立了信息系统硬件控制、软件控制、访问控制、安全管理、数据保护、灾难恢复,以及不相容职责分离情况等关键控制并有效执行。①审查被审计单位的信息安全管理政策,物理访问及针对网络、操作系统、数据库、应用系统的身份认证和逻辑访问管理机制,系统设置的职责分离控制等是否建立了有效控制并执行。②审查系统变更管理是否有效,审查被审计单位的应用系统及相关系统基础架构的变更、参数设置变更的授权与审批,变更测试,变更移植到生产环境的流程控制等是否有效。③审查系统开发和采购管理是否有效,审查被审计单位的应用系统及相关系统基础架构的开发和采购的授权审批,系统开发的方法论,开发环境、测试环境、生产环境严格分离情况,系统的测试、审核、移植到生产环境等环节是否建立了有效控制并执行。④审查系统运行管理是否有效,审查被审计单位的信息技术资产管理、系统容量管理、系统物理环境控制,系统和数据备份及恢复管理,问题管理和系统的日常运行管理等是否建立了有效控制并执行。

(3) 审查业务流程层面的应用控制是否建立了有效控制并执行。审查应用系统是否为了确保准确、完整、及时完成业务数据的生成、记录、处理、报告等功能而设计、执行了一定的信息技术控制。对业务流程层面应用控制的审计重点关注单位或组织是否在业务流程设计、数据输入、数据处理、数据输出及数据共享等环节设置了相应的控制,并确保授权与批准、系统配置控制、异常情况报告和差错报告、接口/转换控制、一致性核对、职责分离、系统访问权限及系统计算等控制被有效执行。[49]

(4)信息系统审计除上述常规的审计内容外,审计人员还可以根据组织当前面临的特殊风险或需求,设计项目外包审计、数据安全审计、云服务审计等专项审计以满足审计战略要求。[49]

信息系统审计主要的审计方法包括但不限于:访谈(询问、观察、会议等)、审阅法、详查法(全面审计法)、穿行测试法、重新执行法、平行模拟法、日志审计法、工具检测法、绩效(风险)评估方法、专家评审法、系统检查法、数据测试法、源代码检查法等。

6.4.2 信息系统审计资料

(1)被审计单位信息技术治理制度相关文件。
(2)信息技术部门的组织架构、岗位职责及功能权限。
(3)系统软硬件清单。
(4)网络拓扑图。
(5)信息安全培训方案。
(6)网络物理连接图、逻辑连接图(IP分配)。
(7)网络安全设计和实施方案。
(8)网络测试报告。
(9)防火墙、入侵检测系统、路由器、交换机、网关等配置文件及安全日志文件。
(10)操作系统安全日志文件、文件访问记录、数据备份记录。
(11)远程访问控制设定及安全日志文件。
(12)信息化建设项目开发文档和测试文件。
(13)数据库安全日志、数据备份记录、数据库账号及对应权限表。
(14)业务账号处理记录(授权、变更、冻结、解冻、登录),账号访问权限对照表。
(15)员工岗位变更资料及口令、用户删除及移交清单。

(16) 系统维护记录。

(17) 网站访问记录。

(18) 信息安全风险评估、安全检查、审计、评估及其他第三方测评报告等。

(19) 全部故障记录表、故障周报签报及审批情况。

(20) 系统运维、服务、流程示意图。

(21) 必要的信息化建设相关资料(包括从立项到最终验收结算、测试审核全过程中的资料)。

(22) 系统监控管理报告、监控反馈、跟踪处理文档。

(23) 异常情况报告和差错报告。

(24) 灾难恢复管理组织架构、灾难恢复管理流程、灾难恢复策略、灾难恢复预案、灾难恢复技术保障及基础设施保障制度、灾难恢复外部协作机制、灾难恢复有效性测试验证机制、灾备切换演练文件、问题及演练总结等。

(25) 所需的各种日志文件。

(26) 其他相关资料。

6.4.3 信息系统审计常见问题与表现形式

(1) 单位或组织层面信息技术控制缺乏相应的机制设计。常表现为：组织缺乏信息化规划；信息技术部门的组织架构不合理；未建立信息系统风险识别及应对机制；信息技术部门的不相容职责未相分离；审批授权、应急处置机制不健全；未建立信息系统监督、反馈及跟踪处理、自我评估机制。

(2) 信息技术一般性控制有效性不足。表现为：①被审计单位的信息安全管理政策不健全或执行不到位，数据库存在超级管理员，职责分离未有效控制；②系统变更管理授权与审批执行不到位，变更上线未经审批；③系统开发、测试、运维未建立有效控制并执行；④系统和数据备份及恢复管理未有效执行。

(3) 业务流程层面的应用控制有效性不足。表现为：业务流程设计欠规范，部分环节未得到有效控制；数据输入、数据处理、数据输出控制执行不到位，缺乏数据共享机制，"数据孤岛"现象明显。

6.5 信息化建设项目信息安全审计

近年来由于信息安全事件频发,给广大用户带来了重大损失,因此信息化建设项目中的信息安全审计尤为重要。信息化建设项目信息安全审计既是信息审计的重要一环,又可根据项目建设的需要,单独开展。信息安全审计目标主要是对信息的机密性、完整性、可控性、可用性和不可否认性进行审查、评价和验证,以确保被审计单位信息化建设项目规划目标得以安全、可靠地实现。

为了保障计算机信息系统中信息的机密性、完整性、可控性、可用性和不可否认性(抗抵赖),信息安全审计一般需要对计算机信息系统中的所有网络资源(包括数据库、主机、操作系统、网络设备、安全设备等)进行安全审计,记录发生的所有事件,提供给系统管理员作为系统维护及安全防范的依据。

信息安全审计有各种分类。

根据被审计的对象(主机、设备、网络、数据库、业务、终端、用户)划分[76-81],安全审计可以分为针对主机的各种操作和行为进行的主机审计,对网络设备、安全设备等各种设备的操作和行为进行的设备审计,对网络中各种访问、操作(如 telnet 操作、FTP 操作)进行的网络审计,对数据库行为和操作及内容进行的数据库审计,对业务操作、行为、内容进行的业务审计,对终端设备(PC、打印机)等的操作和行为进行的终端审计,对企业和组织的用户上网行为、运维操作等一种或多种对象进行的用户行为审计等。

根据信息化建设项目的基本运行层面划分[76-81],信息安全审计又可分为:①管理审计,主要对被审计单位信息安全制度和信息安全管理体系进行审计,审查整体的信息安全架构、信息安全响应机制、相关人员的安全职责和权限、必要的审计安全培训等;②网络审计,包括对链路、结构及网络配置方面的网络架构审计,对主要网络设备的安全审计,以及对网络中发生的安全事件、网络异常行为的审计;③系统审计,主要包括对系统安全技术、计算机病毒防治、远程访问安全,以及各种设备系统生成的日志、操作日志进行的审计;④应用审计,主要是对应用系统生命周期管理的应用软件开发安全、应用系统运行安全、数据库安全、数据备份和恢复等方面进行的审计；⑤业务审计，主要是对账号管理及关键业务操作行为进行的审计。

按运行层面的分类通过业务流将主机、网络设备、网络、数据库、行为等各种审计对象融合在一个整体范围之内，符合整个业务循环对不同审计对象的安全要求。因此，下文的安全审计要点、资料及常见问题等分析均基于运行层面的分类，结合业务循环展开研究。

6.5.1 信息安全审计要点与方法

(1) 审查安全管理的完整性、合规性。审查被审计单位是否建立信息安全制度、信息安全风险评估及监督机制、信息安全事件响应机制等相应的制度及机制；审查被审计单位是否有效执行了上述制度，岗位职责权限是否落实到位，是否定期开展信息安全培训教育。

(2) 审查网络设备及架构的安全性。审查网络架构是否符合单位情况，网络设备是否设计了必要的安全控制且有效，对网络行为设计了何种监控，是否定期开展安全检测；是否使用了安全检测设备；对网络安全事件建立了何种应急响应机制，对安全事件的处理流程是否高效、敏捷；对网络异常行为的处理机制是否及时、有效、合理。

(3) 审查系统的安全性。审查是否设计了相应的系统安全控制技术方案，是否对防火墙、远程访问设计了安全控制措施并对其安全性进行实时监测；是否使用了相应的产品对系统日志、操作日志进行实时审计，并对发现的异常行为报告采取了恰当的处置措施。

(4) 审查应用系统的安全性。审查对应用软件开发、运行、数据库、数据备份和恢复等方面设计了何种控制措施以确保其安全性，是否定期进行检查；对发现的异常行为建立了何种处置机制、是否有效执行。

(5) 审查业务安全性。审查是否建立了账号管理控制，是否对账号及授权、管理进行定期检查，是否对过期账号、异常账号及时进行清理；审查是否对关键业务操作行为设计了控制措施并有效执行；是否对敏感信息进行定期检查并设计了相应控制措施；是否使用了文件保护功能；是否定期对主机打印行为进行检查，是否存在未经授权的异常行为，对异常行为的处置是否及时有效。

信息化建设项目的信息安全审计方法一般采用访谈（询问、观察、会议等）、现场踏勘、审阅法、详查法（全面审计法）、分析性复核、穿行测试法、重新执行法、平行模拟法、日志审计法、工具检测法、风险评估方法及专家评审法、系统检查法、数据测试法、源代码检查法等。

6.5.2 信息安全审计资料

（1）信息化建设单位信息安全相关标准、规划、制度、方案、管理流程等文件。

（2）相关人员岗位职责权限对照表。

（3）信息安全培训方案。

（4）网络物理连接图、逻辑连接图（IP分配）。

（5）网络安全设计和实施方案。

（6）网络测试报告。

（7）防火墙、入侵检测系统、路由器、交换机、网关等配置文件及安全日志文件。

（8）操作系统安全日志文件、文件访问记录、数据备份记录。

（9）远程访问控制设定及安全日志文件。

（10）信息化建设项目开发文档和测试文件。

（11）数据库安全日志、数据备份记录、数据库账号及对应权限表。

（12）业务账号处理记录（授权、变更、冻结、解冻、登录）、账号访问权限对照表。

（13）系统维护记录。

（14）网站访问记录。

（15）信息安全风险评估、安全检查、审计、评估及其他第三方测评报告等。

（16）其他需要提交的资料。

6.5.3 信息安全审计常见问题与表现形式

（1）信息安全制度建设不健全。缺乏信息安全战略规划，信息安全管理体系缺乏设计，与信息化规划不匹配；未对信息资产进行有效识别、评估、管理、保护；未建立信息安全评估及监督检查机制，缺乏相应制度和流程梳理，未对员工进行定期信息安全培训等。

(2) 网络安全管控不到位。表现为网络安全架构设计不合理，缺乏有效的访问控制及安全边界控制措施；网络接入、传输等行为缺乏有效识别及监控，存在非法接入、数据泄露、外部入侵及恶意代码传输等风险；未使用安全检测系统及设备，对网络安全事件缺乏有效的应急响应措施等。

(3) 设备系统安全管控乏力。重要的机房、设备等物理安全管理不到位，物理环境存在强电、易燃、易潮等安全隐患；未设置相应的物理设施报警系统，空调、供电等存在安全隐患；防火墙、远程访问安全控制措施不到位，未对系统日志、操作日志进行审计监控，对发现的异常行为报告未及时处置或措施不得当造成损失。

(4) 应用系统安全控制不到位。对应用软件开发、运行、数据库、数据备份和恢复缺乏控制，未定期进行检查；开发运维不相容职责未分离，存在超级系统管理员，对数据库管理缺乏控制，数据可靠性、可信性存在风险；缺乏数据备份和恢复应急响应机制，未定期进行数据恢复演练等。

(5) 业务安全控制不到位。未建立账号管理控制，未对账号及授权、管理进行定期检查，存在过期账号、异常账号未及时清理；未界定敏感信息，并进行定期检查；重要文件缺乏保护；未定期对主机打印行为进行检查；存在未经授权的异常行为，对异常行为的处置不及时。

6.6　信息化建设项目验收审计

信息化建设项目按批准的设计文件和技术要求建设完毕后，主管部门要进行项目验收。一般由信息化建设管理委员会等管理机构、资产管理部门、相关领域专家、项目使用部门等组织验收小组，开发建设单位项目负责人、监理、信息化建设项目服务提供商、设备软件供应商等相关人员共同参加，对该项目是否符合规划设计要求以及相关功能和质量进行全面检验，取得竣工合格资料、数据和凭证。

信息化建设项目验收审计是对项目竣工验收情况进行的审计。由于竣工验收意味着信息化建设项目按照要求采购、施工、开发、建设完成，达到可使用状态，验收后将进入正常运维期，因此项目验收对整个信息化建设项目生命周期而言是一个重要的分水岭和里程碑，对信息化建设项目开展验收审计有着极为重要的意义，是有效防控后期运维过程中的各项风险的重要措施之一。

6.6.1 信息化建设项目验收审计要点与方法

信息化建设项目验收审计要重点关注验收过程是否合规;审查验收的依据和工程质量评定是否严格执行国家有关标准的规范;审查验收结果资料,包括验收项目是否齐全、验收记录是否完整(签字)、检验证书是否完备等。

(1) 审查项目成果与合同吻合度。审查项目招、投标文件落实情况,合同(包括补充合同)执行情况,关注合同中的设备、材料、软件等是否按约定的规格型号提供,质量是否符合合同要求,约定的服务内容是否履行;项目的配置是否符合,系统功能是否通过检测,系统是否经过初验、性能是否达标;甲方使用人员是否经培训后开始试运行,相关服务条款是否得到执行;维保约定如何实现、是否实现;是否提供相应的检测报告、测试报告等。

(2) 审查项目管理及监督的执行力。审查项目建设单位是否按照技术方案提供了相应文档,如项目周报、关键风险点、下一阶段进度计划等;项目里程碑计划是否如期完成,过程中存在的风险及问题是否采用恰当的方案并及时解决;项目过程中的审计意见、监督部门的建议是否及时整改并修正;监理单位是否参与项目验收并签署监理意见等。

(3) 审查文档的完整性。审查整个项目成果档案是否完整、齐全;审查项目施工图纸、实施方案、进度报告、结果报告、测试报告等系列档案是否完整;审查监理档案是否提交;审查项目相关的建议书、可行性研究报告、立项审批、概(预)算明细表、绩效目标表、资金来源证明文件、上级部门的审批文件(函)、采购文件、合同、评标文件、投标资料、签到表、施工档案、变更洽商签证等审批资料、会议纪要、会计凭证、账簿等资料是否真实、准确、完整;各项审批是否完整等;供货方是否将独立核算的财务资料作为验收资料提交审计部门。

(4) 审查信息化建设项目验收流程的合规性。审查验收小组的组织情况,成员的构成,验收过程的实施是否认真、严谨,资料是否齐备;是否存在货不对版却未经详细确认直接入库的情况;是否存在未经验收擅自交付正式使用的情况;是否组织相关人员按照有关验收规定等办理项目验收手续;是否有由项目建设单位和承建单位双方核对、监理部门签证完整的设备(功能)清单。

(5) 其他需要关注的事项。

信息化建设项目的全过程审计方法包括访谈(询问、观察、会议等)、现场踏勘、审阅法、详查法(全面审计法)、市场调查法、功能点测算法、分析性复核、标准图审计法、分组计算审计法、对比审计法、审计抽样(重点审计法)、成本度量法、穿行测试法、重新执行法、平行模拟法、日志审计法、工具检测法、绩效(风险)评估方法、专家评审法、系统检查法、数据测试法、源代码检查法等。

6.6.2 信息化建设项目验收审计资料

(1) 合同协议书及附件(包含中标单位的投标文件)。
(2) 项目建设成果清单及对照表。
(3) 项目变更资料,包括得到建设方及监理确认的变更手续、方案、记录和会议纪要及函件等。
(4) 验收签署表、验收文档、合同决算书。
(5) 系统软硬件检测报告、第三方测评报告等。
(6) 未完工的工程项目工程量预留的资金情况说明。
(7) 合同外的奖金支付情况及依据。
(8) 其他相关材料。

6.6.3 信息化建设项目验收审计常见问题与表现形式

(1) 项目未达到使用条件。表现为:设备未入库,设备型号、规格、配置与合同、采购清单不符,存在降低配置、擅自更换规格型号、未经审批私自变更等现象;设备未经调试不具备使用条件,系统集成未完成;开发软件虚构功能点或某些功能未完全实现;软件未经测试,系统功能未经检测,关键性能指标未达标或未经测试;缺乏安全等级测评报告;系统集成存在问题;项目未经试运行,安全可靠性无法保障;未对相关人员开展项目培训,导致无法正常运行。

(2) 合同成果未达标。表现为:合同约定的相关服务条款未得到完全执行、维保约定未实现;质量要求未达标;项目绩效目标未达标或虚构数据以满足验收要求。

(3) 验收流程不合规。表现为:项目未经验收擅自交付使用;未组织相关人员按照相关验收规定等办理项目验收手续；验收组织不到位，专家组的成员构成不合理，成员人数非单数、缺乏领域专家；专家组未认真检查项目情况，仅听取报告，缺乏现场检查、功能查看、运维情况检查等过程。

（4）验收文档不完整。表现为：项目档案缺少项目相关的建议书、可行性研究报告、立项审批、概（预）算明细表、绩效目标表、资金来源证明文件、上级部门的审批文件（函）、采购文件、合同、评标文件、投标资料、签到表、施工档案、变更洽商签证、施工图纸、实施方案、进度报告、结果报告、测试报告等资料，无监理档案；缺少重大事项的决策会议纪要等。

第 7 章 信息化建设项目结、决算阶段审计

7.1 信息化建设项目结算审计

结算是信息化建设项目最为关键的环节。结算资料由施工单位及供应商编制，经监理单位、项目建设单位对结算资料进行审核确认后，与施工方进行协商并达成一致意见。结算环节是确定项目建设单位信息化项目造价的基础，是项目建设单位项目管理、造价管控、质量安全管控主体责任履行情况的直接体现，更是项目验收后进行竣工决算、转增固定资产价值的依据。

信息化建设项目结算审计是审计机关、主管部门或项目建设单位内部审计机构组织力量，对施工单位及供应商提交的竣工结算报告与完整结算资料进行审核，以确定依据合同条件该项目的最终结算金额的过程。信息化建设项目结算审计是审计机关或主管部门对项目建设单位信息化建设项目主体责任、监督责任履行情况的监督，或是信息化建设单位内部审计机构履行监督责任的重要手段。

信息化建设项目结算审计一般由建设单位内部审计机构组织，或委托第三方机构协助开展。结算审计在项目结算前实施，有助于项目建设单位防控风险、履行好造价管控主体责任及监督责任，以避免工程结算后发现问题难以整改的弊端。

7.1.1 信息化建设项目结算审计要点与方法

(1) 审查结算递交资料的完备性。审查结算资料是否完整,项目文档是否齐备,批复的可行性研究、概(预)算、招投标文件、图纸、决策会议纪要、变更洽商、工程款支付、监理报告、监理日志、项目管理过程资料(如施工日志或周报月报、各期形象进度、风险控制文档等)是否齐全,各项文档签字是否完整、日期是否符合等。

(2) 审查结算资料递交程序的合规性。审查项目是否通过了验收,验收是否合格,只有项目验收合格了才能办理项目结算;审查结算资料是否经过相应的审批程序,是否有相应的负责人签批、是否经过建设方的相关决策会议、是否有监理出具的相关资料;审查合同及其补充协议是否经过了相应的审批程序。

(3) 审查结算造价的合法合规性。审查合同及其补充协议是否合法;审查结算资料是否具有相应的法律效力,签章、签字、时间日期等是否符合约定;审查结算方式与合同约定是否一致,结算报价是否规范、合理,计费程序是否合法合规等。

(4) 审查结算造价的真实性。

首先,对于合同内范围:①审查结算内容是否真实,内容、规格、型号、质量、标准、参数、配置、服务、保障等是否与合同文件、补充协议、投标文件、采购文件等要求相符;应根据项目合同约定的项目需求,对比实际功能模块、功能点是否与合同约定一致,如有减少,应按其减少功能点对应的人工工作量及投标人工综合单价扣减合同价款。②审查结算资料清单内容是否重复列项,核对设备(功能)清单,防止内容重复列项或项目内容虚列等增加造价问题、防止发生降低配置(功能)、偷工减料、虚报工程量或变更、相互勾结等徇私舞弊行为;防止发生提高施工(开发)或集成费收费标准,虚构清单(功能点)或虚高定额(单价)等问题。③审查项目是否符合图纸要求、是否与现场情况一致;关注信息系统的软件实际利用情况,信息资源共享及运维业务整合效果,比较系统设计与系统功能,发现系统建设中存在的设备闲置、系统利用效率低效、功能缺陷等,如实际与设计产生偏差则结算时费用应予以调减。④审查是否有降低配置、弱化功能或未实现的功能、是否虚构功能点或清单、是否虚报工程量情况;项目造价是否真实,是否存在造价虚高情况。检查项目的软硬件配置(如数量、品牌、规格、型号、备品备件等)、功能、性能、培训、维保等实施情况是否与合同一致,如与合同对比有减少或降低标准,结算时应调减费用;⑤审查项目实际运维水平(如系统更新频率、支持方式)是否与合同约定一致,如在合同约定基础上有所减少,结算时费用也应调减。⑥审查其他涉及合同结算造价的内容。

其次,审查变更情况。合同变更、需求变更通常采取项目变更及现场签证的方式办理,结算审计时重点关注:①审查项目变更及现场签证手续是否完整,审批程序是否符合规定,变更内容是否真实,是否与合同约定重复。②审查项目变更情况是否经过相应授权且真实发生,是否存在提高施工费标准或虚增单价标准的情况,是否存在项目集成费、安装费等重复计价情况等。③根据合同约定,审查项目变更及现场签证价款是否准确、合理:一是项目变更及现场签证导致新增加的设备、功能点及服务内容,原合同内有的价格应按合同内的价格计算变更增加费用,合同内没有的价格应按其新增加功能点工作量及投标综合单价或设备市场询价计算变更费用;二是项目变更及现场签证导致合同内工程量减少的,原合同内有的价格应按合同内价格扣减,合同内没有的价格应按其工作量及投标综合单价或询价扣减;三是项目变更及现场签证增加费用不应超过合同价格的10%,增加超过10%的应重新进行招标采购。④审查监理合同范围以外调整的工程报价是否真实。⑤审查税金、政策性调整的计算是否真实合理。

最后,审查违约及索赔情况。①审查索赔、奖励及违约费用是否真实、合理、符合法律法规及相关约定。②审查项目实际交付时间是否与合同约定一致,如交付时间有延期,结算时应依据合同约定对合同延期违约金进行扣减。③审查项目实际交付质量、性能是否达到合同约定,如与合同约定产生差异或偏差,结算时应依据合同约定对低于合同约定的质量、性能导致的违约金进行扣减。④审查项目实际测试、培训、售后服务等是否达到合同约定要求,如未达到合同约定,应依据合同约定在结算时对违约金进行扣减。

(5)审查项目的总投资是否超出概算。审查结算造价是否超出项目批复的可行性研究、概(预)算情况,除总造价外,审查批复的概(预)算清单明细是否存在异常的超出情况等。

信息化建设项目的结算审计方法包括访谈(询问、观察、会议等)、现场踏勘、审阅法、详查法(全面审计法)、市场调查法、功能点测算法、分析性复核、标准图审计法、分组计算审计法、对比审计法、审计抽样(重点审计法)、成本度量法、专家评审法、系统检查法、源代码检查法等。

7.1.2　信息化建设项目结算审计资料

(1) 合同协议书及附件(包含中标单位的投标文件)。
(2) 项目预算及造价清单明细表、人工工时估算依据。
(3) 有关软件开发项目中技术难点的书面情况说明等(如有)。
(4) 项目建设成果清单及对照表。提供实际功能模块、人工工作量清单(定制开发软件类适用)，实际硬件设备品牌、具体型号、技术指标、性能参数，主要配件的细分型号等。
(5) 项目变更资料，包括得到建设方及监理确认的变更手续、方案、记录和会议纪要及函件等。
(6) 验收签署表、验收文档、合同结算书等竣工验收合格资料、项目全套验收文档。
(7) 系统软硬件检测报告、第三方测评报告等项目全套技术文档。
(8) 合同约定的软件开发项目的源代码是否移交、成果文件的版权是否明确的说明材料。
(9) 合同约定的培训工作成果文件。
(10) 未完工的工程项目工程量预留的资金情况说明。
(11) 合同外的奖金支付情况及依据。
(12) 其他相关材料。

7.1.3　信息化建设项目结算审计常见问题与表现形式

(1) 交付的成果文件与招标文件要求的需求不一致。表现为：招标文件中要求的功能模块在成果文件上未能体现，或是在成果文件中仅完成了招标技术要求的部分功能；招标文件的功能全部完成，但系统运行缓慢，发生死机等错误，用户使用满意度不达标。
(2) 合同约定的软件开发源代码未进行交接。表现为：建设单位定制开发的信息化软件系统的成果文件，合同约定交接而未交接，或交接的成果文件不完整；建设单位后期二次开发、接口服务或升级服务不能有效地利用原系统开发源代码，造成资源浪费。

(3) 项目延期交付。表现为：项目未按合同约定的时间交付,造成建设单位不能按计划上线；未办理相关的延期手续。

(4) 合同约定的培训工作未完成。表现为：合同中约定的对不同用户的培训工作未完成；对系统管理员的培训、领导层次的操作培训、终端用户的使用培训,未制订详细的培训计划、编制操作手册等。

(5) 与信息化相配套的硬件设备与投标不一致,造价虚高。表现为：实际安装的硬件设备与投标文件的型号不一致,未办理相应的变更手续。由于设备更新较快,实施阶段投标产品的型号可能停产,承建单位应采购相同品牌同等参数或高于投标参数的设备,但实际交付设备造价高于实际市场价格。有的承建单位为了降低成本,所安装的设备功能相近,但品牌可能存在一定的差异。

(6) 与项目相配套的建筑安装工程施工部分没有详细的结算资料或未按合同施工。表现为：信息化建设项目中配套的建筑安装工程施工部分按"项"计入,未提供详细的施工图纸、竣工图纸、施工的具体工作内容,施工的工作量难以计量计价；未按合同约定施工,相应的功能点未实现,或未达到合同约定要求。

(7) 第三方测试工作未完成。表现为：承建单位在项目过程中,内部进行了功能性的测试,未按合同约定由有资质的第三方公司对成果文件进行功能、性能及安全测试并出具测试报告。

(8) 售后工作未完成。表现为：合同约定项目验收交付后,承建单位未按合同约定提供售后服务与技术支持。

(9) 报送资料不完整。表现为：项目在实施过程中签订的洽商变更及补充协议在结算时未提供或未及时提供,结算报送中未进行费用调整。

7.2 信息化建设项目竣工财务决算审计

信息化建设项目竣工财务决算审计是项目建设的重要组成部分,是正确确定新增交付使用固定资产价值的主要依据,是综合反映竣工建设项目或单项工程的建设成果和财务情况的总结性文件,是办理固定资产交付手续的依据。

信息化建设项目竣工财务决算审计通常在结算审计之后进行,由具有资质的会计师事务所负责。事先需要建设单位自行或委托咨询单位编制项目竣工决算报告,会计师事务所对建设单位提供的决算报告进行审核并出具决算审计报告。

7.2.1 信息化建设项目竣工财务决算审计要点与方法

(1) 审查项目竣工决算报告的编制情况,根据基本建设财务管理规定,竣工决算报告包括竣工决算报表、报表科目附注、报告说明。审计人员应重点审计决算编制工作有无专门组织,各项项目竣工清理工作是否全面、彻底,编制依据是否符合国家有关规定,资料是否齐全,手续是否完备,对项目遗留问题的处理是否合规。

(2) 审查项目建设及概算执行情况,重点关注项目建设是否按照批准的初步设计概算进行,有无概算外项目和提高建设标准,有无重大质量事故和经济损失。

(3) 审查交付使用资产和在建工程,重点关注交付使用财产是否真实、完整,是否符合交付条件。移交手续是否齐全、合规,成本核算是否完整,有无挤占工程成本、提高工程造价、转移建设投资等问题。

(4) 审查转出投资、应核销投资及应核销其他支出。关注列支依据是否充分、手续是否完备、内容是否真实、核销是否合规,有无虚列投资的问题;关注转出投资盘点表,核实接受资产的单位是否就资产数量及状况进行了核对并签字确认。

(5) 审查尾工工程。根据修正总概算和工程形象进度,核实尾工工程的未完工作量,按照一定的计算方法,留足投资。防止将新增项目列作尾工项目。

(6) 审查项目结余资金。重点审核库存物资,防止隐匿、转移、挪用库存物资。审查是否有虚列债权债务、隐匿项目结余资金,揭示建设管理中存在的问题。

信息化建设项目的决算审计方法包括采用就地审计,并运用抽查和详查相结合、询证和函证相结合,以及计算等程序实施审计。根据基本建设工程项目的设计概算、变更设计资料、竣工验收资料,对拟交付使用资产所对应的相关明细单位工程、设备等进行现场核对、盘点、核实,以确认账账、账实相符。根据建设项目实际基建支出、工程审价报告、各种费用的合同,通过审计核准,调整实际建设投资。

7.2.2 信息化建设项目竣工财务决算审计资料

(1) 建设单位项目法人资格证(企业法人营业执照或事业单位法人资格证或行政单位法人资格证)。

(2) 公司建设项目管理制度、项目会计核算制度等。

(3) 公司组织结构图和职能部门通讯录及员工名册。

(4) 授权批准文件负责人的印鉴与签字样本。

(5) 项目建议书及批文。

(6) 可行性研究报告及批文。

(7) 项目核准文件。

(8) 初步设计(或扩大初步设计)批文。

(9) 环境影响报告书及审核文件。

(10) 开工许可或施工许可。

(11) 与建设项目相关的会议决议、纪要。

(12) 工程竣工整体或主要项目验收资料(建设方、施工方、设计和监理四方验收,规划部门验收,各级地方质量监督站等建设工程质量管理行政部门验收或其他验收资料等)。

(13) 工程竣工决算报表及编制说明。

(14) 工程结算审核报告。

(15) 项目建设情况说明、建设项目概算执行情况说明。

(16) 分年度固定资产投资计划及建设资金实际到位情况。

(17) 工程招标文件、投标文件及评标过程资料。

(18) 监理工作总结。

(19) 所有与建设项目相关的合同及合同台账。

(20) 建设方统供设备、材料清单。

(21) 与工程相关的总账、明细账及会计凭证等会计资料。

(22) 建筑工程、安装工程、设备、待摊销投资及与工程相关往来账明细表。

(23) 结存货币资金、工程物资盘存明细表及各往来科目余额明细表。

(24) 设备清查盘点明细表。

(25) 未完工程情况表(项目/工程名称、预计开工及完工时间、投资额、相关合同、目前进度等)。

(26) 工程项目关联方单位名册、关联方交易事项说明及关联方交易的相应合同。

(27) 与工程项目有关的房产证、土地使用权证(或土地出让合同)等产权证明文件。

(28) 项目实施期间的审计报告及其他相关咨询报告书等。

7.2.3 信息化建设项目竣工财务决算审计常见问题与表现形式

(1) 重大设计变更未经上级主管部门审批。表现为：概算外新增重要需求或设备未重新报请上级主管部门审批。

(2) 概算执行情况与批复相差较大。表现为：部分单位工程实际投资超出批准概算金额；因初步设计概算偏低及内容不完整，导致部分概算项目未实施以及通过自筹方式完成的部分装饰项目未纳入项目决算。

(3) 形成交付资产不合理。表现为：购买的生活家具分摊了待摊费用，道路、消防水池及泵房、生活泵房及消防水系统等未作为交付使用资产单独交付。

第 8 章 信息化建设项目绩效审计

信息化建设项目作为近年来国家、组织战略发展的重点,是投资人重点关注的领域和方向。近年来尤其是在以 5G 移动互联等新型基础设施建设、"东数西算"数据产业布局变革的大背景下,信息化建设项目日益成为时代需求的投资焦点,投资规模大、形态多样化、项目科技含量高、技术迭代速度快、造价准确衡量难度大。信息化建设项目竣工验收投入使用后能否高效地发挥作用,是否产生了实际绩效,是否带来了相应的经济效益和社会效益,是否达到了预期目标,是投资者最为关注的事项。因此,后评价阶段的审计主要体现为信息化建设项目的绩效审计。

信息化建设项目绩效审计是对信息化建设项目管理、风险控制、资金运动等全周期的绩效信息进行监督、评价、鉴证、建议的活动。

8.1 信息化建设项目绩效审计目标

信息化建设项目绩效审计的目的是监督、评价项目建设管理、风险控制、资金运动及应用的成效,衡量项目投资效果,客观公允地鉴证项目整体绩效并提出建议和意见。

基于经典绩效审计的 5E 理论,结合信息化建设项目的特点,笔者认为信息化建设项目全过程审计中的绩效审计目标主要包括三个维度:一是有效促进重大投资、重大经济政策的落实[84];二是评价、鉴证和监督信息化建设项目的效率性、经济性、效果性,同时兼顾公平性及环境性;三是揭示信息化建设项目绩效中的问题并推进责任追究[85],以审促建、以审促管、以审促治,提升国家、地方政府及组织的治理水平和治理能力。

8.2　信息化建设项目绩效审计要点

围绕上述审计目标,信息化建设项目全过程绩效审计要点主要包括但不限于以下方面:

(1) 信息化建设项目投入的经济性。经济性指的是信息化建设项目是否实现了以最低投入提供满足质量要求的信息服务,侧重对方案和实施的经济性评价。主要审查信息化建设项目投入的资源是否经济,设备、材料、人工、费用等投入是否为同等质量条件下的最低造价;审查项目投资是否对现有设备进行了有效利用,是否存在造价虚高、资源闲置浪费现象;审查项目资金投入后提供的服务降低了多少成本等,是否通过信息化建设项目切实盘活了原有闲置资源、推动了资金的合理配置和高效利用。[86-88]

(2) 信息化建设项目实施的效率性。效率性是指项目投入与产出的服务之间的比例关系是否实现了最优。审查项目实施内部控制、管理过程、监督检查等是否有效;审查项目资金投入后产生了何种效果;投入与产出之间的比例关系是否高效。一是审查项目管理体制机制是否健全,是否按照既定的目标提供了相应的活动、产品及服务,服务的平均成本是否低于同类平均水平;是否通过信息化建设项目整合利用了现有闲置资源,在哪些方面充分发挥了资源的整合效应,是否提高了原有生产率、是否缩短了生产周期、是否提高了管理效率。二是审查项目提供的产品和服务能否满足受众的不同偏好,资源的配置能否产生最大多数受众的最大利益。主要审查项目投入使用后,是否为组织带来了直接及间接效益,为多少人提供了有效的信息服务等,如信息化建设项目提供的网络服务受众覆盖面的比例如何、开发的软件系统资源利用效率是否达到预期目标、用户满意度如何等。

(3) 信息化建设项目的效果性。效果性是指信息化建设项目绩效目标的达成度,是否解决了预定问题。主要审查原有绩效目标的合理性、可行性,绩效目标的完成度,资金利用的效益性。审查绩效目标是否达到了既定要求,质量标准是否达到、数量指标是否完成、经济效益是否实现等。

(4) 信息化建设项目的环境性。环境性关注项目在投入和使用过程中是否对自然资源进行了有效利用、是否加重了环境负担,是否采用了高污染、高能耗设备或间接增加了碳排放,为环境带来了新的负担。

(5) 信息化建设项目的公平性。经典绩效审计对公平性的关注是效率性的延伸,是基于政府投资公共物品、公益服务的核心提出的理念。信息化建设项目全过程绩效审计的公平性在于审查信息化建设项目是否在一定程度上体现了一种公共产品的属性,是否具有公益性特征(政府投资项目适用),是否为供应商提供了公平、合理的竞争环境,是否为用户提供了公平的服务。

(6) 信息化建设项目的合规性。合规性是贯穿信息化建设项目全生命周期的目标。主要审查项目建设单位主体责任履行的合规性、监督责任执行的有效性。关注信息化建设项目全流程项目管理的体制机制是否建立,制度是否健全,是否有效执行;审查监督机制是否有效发挥作用,发现及揭示的负面问题是否及时整改,是否追究责任。

8.3 信息化建设项目绩效审计方法

信息化建设项目绩效审计由于涉及目标多,且绩效目标中既包括定性指标又包括定量指标,绩效审计方法除常规审计方法如分析性复核、实地勘察法、审阅法外,还常采用对比分析法、成本效益法、层次分析法、模糊分析法等综合性的绩效评估方法开展审计评价。比如通过投资预算、结算数据的对比,项目投资成本与同类项目投资成本的对比,分析投入的经济性。通过项目实际产生的效益与成本的对比,分析项目效率性。采用调查问卷、公众座谈等方式了解公众对项目的满意度,推断整体满意度情况。通过绩效目标指标与实际实现程度的对比,分析绩效目标的达成度。通过实施项目的绩效与同类最佳绩效的对比,分析绩效目标的效率。或者采用层次分析、模糊评判法对绩效指标进行权重确定,采用专家评判法进行打分,综合分析确定项目整体绩效。

8.4 信息化建设项目绩效评价指标体系

信息化建设项目绩效审计的评价指标体系根据绩效审计的目标可分为经济性指标、效率性指标、效果性指标、环境性指标、公平性指标、合规性指标等。

(1) 经济性指标。经济性指标可设计成本指标,如根据设备、软件、服务等分类设计投入成本,设计数量指标,计算平均成本率等。

(2) 效率性指标。可根据审计目标设计数量、质量、进度、效益等指标,如资金到位率、预算执行率、提供了多少设备接入网络的能力、为多大面积提供服务、可管理多少台设备;故障率、故障处理时间、网络联通性、安全等级、进度时滞、经济效益、生态效益、社会效益、可持续影响度、用户满意度等指标。

(3) 效果性指标。可设计绩效目标的达成度、绩效目标达成质量等指标,如质量达标率、完成及时性等指标。

(4) 环境性指标。可根据审计目标设计能耗类指标,如综合耗电量、能效比等指标。

(5) 公平性指标。可根据审计目标,结合项目投资来源与特点设计符合性强的指标。如受众比(实际受众人数/潜在受众人数),分析是否在一定范围内实现了公平公正性。不适用时可不设计该类指标。

(6) 合规性指标。可根据审计目标设计前续审计及纪检监督发现的问题数、整改数、问责人数、审减的金额、挽回的损失等。

8.5 信息化建设项目绩效审计常见问题与表现形式

(1) 项目投资不经济。表现为：项目立项规划设计不合理,论证不到位,存在过于追求高标准、高规格,导致投资超需求、资源闲置浪费现象;或项目预算不精确,技术参数匹配度差,导致部分项目投资浪费,经济性不高。

(2) 项目效率不高。表现为：立项绩效目标不清晰、不完备,缺乏效率性指标设置,无法准确评价效率;项目部分内部控制制度不健全,监督检查、风险防控执行不到位;无法及时、全面反映运营情况,数据(信息/服务)利用效率低;平均成本效益低,服务成本高;项目难以推广应用,用户受众少,满意度差等。

(3) 项目效率性不足。表现为：绩效目标未完全实现,质量、服务达标率差;项目延期,及时性差,导致失去领先技术优势,影响战略目标的实现。

(4) 项目环境依赖性强,碳排放未达目标。表现为：使用了能耗高的设备、产品等;项目运营所需能耗比高,耗电量大;设备、服务等过程产生的噪声大,辐射强,影响周围公众正常生活等。

(5) 项目公平性不足。表现为：项目未能提供预期范围内的受众服务,或采用了不公平的措施等,使部分利益相关者未能享受应有的服务,或损失相应的机会等。

(6) 项目执行不合规。表现为：项目内部控制制度不健全、执行不到位;存在某些利益输送、违法违规现象;个别重大事项决策程序不到位,监督检查不到位;存在整改措施不到位等现象。

第 9 章
信息化建设项目全过程审计案例

9.1 机房建设项目立项审计（评审）案例

9.1.1 项目简介

X大学是一所市属应用型大学，响应地方政府整体建设规划疏解要求，在市郊建设了一座占地面积1 800多亩的新校区。为打造满足高层次学科建设、高质量人才培养、高水平科技创新要求的，体现以人为本、功能完善、生态和谐、具有浓郁大学文化氛围，国内一流的现代化、信息化、园林化、智慧化的新校园，X大学信息化发展规划以建设智慧校园为总体目标，构建全面的智能感知环境和综合信息服务平台，实现对X大学科学管理、智慧决策、高效教学、节能环保、便捷生活等的全方位支持，满足教学、管理、科研和生活服务等方面的全面需求。

X大学拟申报立项数据中心机房及计算平台建设项目。该信息化项目作为整个智慧校园信息化应用的基础条件，是实现智慧校园远景目标规划的核心和前提。数据中心机房及计算平台建设项目的建设内容是：①购置计算机硬件设备，包括核心交换机、服务器、存储等设备；②购置应用软件，包括云计算管理平台、操作系统等；③开展机房配套工程；④开展集成、安全测评、监理等工作，为学校教学、科研、管理、生活、服务等工作的正常开展提供基础信息化支撑。

9.1.2　审计实施

1. 送审资料

X大学召开了多次论证会、协调会，统筹项目整体需求，组织项目申报。

项目送审资料包括：项目背景及发展规划类材料22项；项目实施方案及论证材料29项；项目预算测算类材料12项；内部控制及风险管理相关材料6项；申报文本类材料5项；其他相关材料14项等。重点资料包括但不限于以下清单：

（1）项目申报文本；

（2）经信（委/办）局审查通过的项目申报书（项目建议书）；

（3）经信（委/办）局项目审查意见函；

（4）经主管部门审批的信息化规划；

（5）预算明细表；

（6）绩效目标表；

（7）机房改造、综合布线等相关图纸、预算文件等；

（8）单位内部控制制度、项目管理制度等；

（9）其他与立项相关的资料。

2. 审计依据

项目审计依据包括但不限于以下法规、规范、制度等：

（1）××市财政局《关于印发〈××市财政投资项目评审操作规程〉（试行）的通知》（×财经二〔2003〕12××号）；

（2）××市财政局《关于修订〈××市市级项目支出预算管理办法〉的通知》（××财预〔2012〕22××号）；

（3）××市财政局《关于编制2021年市级部门预算的通知》；

（4）××市经济和信息化局《关于X大学新校校园计算平台及机房建设项目（一期）审查意见的函》（××经信信评〔2020〕4××号）；

（5）其他项目相关资料。

3. 审计重点及程序

审计组依据××市财政投资信息化项目立项审计(评审)的相关要求,了解项目的基本情况,收集整理必要的审计资料,制订项目审计(评审)计划,采用定性与定量相结合的方式,使用现场答辩、审阅资料、现场踏勘、比较分析法、专家评判法、详查法(全面审计法)、市场调查法、标准图审计法、对比审计法等方法对X大学的数据中心机房及计算平台建设项目进行了立项审计(评审)。确定审计重点为:

(1) 项目立项的必要性。审计X大学新校区机房建设与信息化规划、应用型大学发展规划及市级财政投资的匹配度。审计该校现有资源对新校区的支撑度、新校区目前建设进度与项目实施的进度匹配度等。

(2) 项目投资的经济性。审计项目建设方案是否清晰,标准是否符合需求,现有资源利用情况;项目建设的规模是否适度,性能需求是否经过充分论证,各设备、资源、服务等购置需求理由是否充分、技术参数是否匹配、预算依据是否充分,造价是否符合规范要求及市场情况等,整体投资经济性是否适度。

(3) 实施方案的可行性。审计项目实施方案是否经过充分论证,是否有效、可行;项目选址是否合规,项目方案是否经济、可靠、完整、有效;机房基础环境建设方案与现有选址、土建工程部分是否匹配、恰当;项目建设内容是否清晰、项目管理制度、内部控制是否完备健全;管理团队、时间进度是否合理,风险管控、监督检查机制是否健全;项目运维、应急响应措施是否清晰健全,质量管控是否到位等。

(4) 项目筹资的合规性。审计项目是否按照市财政前期评审要求履行相应评审程序,是否组织专家对技术方案的经济性、可行性、先进性进行充分论证;项目规划是否经过主管部门审批;项目建设内容及概算是否取得了主管部门的技术评审函,是否按照前期论证及主管部门评审要求落实整改并调整相关实施内容及预算。

(5) 项目绩效目标的合理性。审计绩效目标是否可按期实现,工期进度是否可控,预算安排是否符合财政年度支付要求;产出绩效目标是否合理可行。

9.1.3 审计结果

审计组对X大学计算平台及机房建设项目的立项情况进行审计,提出以下意见及建议:

(1) 项目符合目前市政府、学校整体发展规划,符合新校区环境建设的基本要求,具有一定的立项必要性。但由于机房土建施工尚未竣工验收,项目实施的前置条件存在不确定性,对于项目能否按预定方案如期实施不好评价,建议进一步明确前置实施条件后再立项。

(2) 项目选址不恰当。机房建设对物理环境有一定的要求,目前项目选址周围存在大量使用明火、上下水的环境,对机房未来存在较大的不确定性影响,使机房面临发生火灾、漏水的风险。建议重新规划机房位置,排除不利影响因素后立项。

(3) 项目实施方案可行性不充分。项目建设标准不清晰,选址不可行,机房供电环境能否承载所购置的大量设备方案不清晰,基础环境建设方案未经有效论证,缺乏主管机构审批函,实施方案不完整。单位内部控制制度不健全,缺乏项目管理、质量管理、应急响应、运维管理的制度机制;项目方案针对主管部门及专家评审意见的改进措施不足。

(4) 项目经济性不好评估。项目选用的设备规格型号、性能需求论证依据不充分,如机房过多的服务器购置需求评估理由不充分,项目建设的规模缺乏足够的标准依据,影响对项目投资经济性的判断。预算依据不足,设备单价显著高于市场价格,项目投入的总体经济性不佳。

(5) 项目属于财政资金支持范围,项目提供了市经信局的技术评审函,但未按照相关要求调整项目实施内容和预算。

(6) 项目绩效目标设置不合理,在土建工程完工日期不确定的情况下,项目方案预计的支付进度与财政年度支付要求存在显著矛盾,项目方案如期完成的可行性显著不足;绩效目标指标细化不到位、量化不足,缺乏社会效益指标。

(7) 项目资料不完整,流程欠合规。项目未提供重大事项的会议决策依据,重大投资事项未按"三重一大"要求经办公会或党委会决策。

经审计(评审),X大学计算平台及机房建设项目具有一定的立项必要性,但其实施方案仍存在较大问题,建议暂不予支持,待项目前置条件成熟,且对项目方案进行整改完善后再进行申报。

9.2 系统开发项目概算审计案例

9.2.1 项目简介

系统开发类项目除具有一般项目的目的性、时限性、独特性等特征外,还具有典型的复杂性特征。由于开发类项目涉及建设单位、开发单位、第三方评估服务等单位,每一方都具有复杂的组织结构。系统开发类项目主要包括需求分析、初步设计、详细设计、系统开发、系统测试、部署实施、系统运维等环节。

R 集团是国有地方性企业集团,核心业务是向居民提供公共服务。随着国家管理体制改革的不断推进,R 集团核心业务面临收费机制转型:原有的福利型收费逐步向由国家、企业、单位和个人共同承担的收费机制过渡;现行的按面积收费方式将逐步向按分户计量收费方式过渡;现行的粗放式管理将逐步向集约化管理过渡。收费是企业的主要经济收入来源,高品质的用户服务及企业内部设施的平稳运行,都基于这个经济来源。整个行业体制改革,很大程度上也是收费制度和收费方式的改革。

在整个行业体制改革背景下,R 集团迅速加快业务转型,实现收费模式变革,并对原有信息化项目进行了系统分析:目前已经建成的应用系统未实现有效集成,数据分散在各应用系统中,难以开展深入的对标分析和决策支持,仍有部分领域尚未建设应用。信息技术的飞速迭代为 R 集团的发展提供了良好的机遇,同时也给企业的发展能力带来了一定挑战,需要集团不断提高生产、经营、管理、决策的效率,实现集团智能化管理水平的全面提升。为了系统实现集团信息化战略目标,R 集团发展战略的核心目标之一是开发部署 R 集团云收费系统项目。

该信息化项目主要建设云收费平台,对三个地级市进行收费系统的替换,具体功能包括系统管理子系统、用户管理子系统、费用管理子系统、审核管理子系统、票据管理子系统、微信/支付宝/银联支付缴费对接管理子系统、对账管理子系统、扫码收款模块、统计分析子系统等九个子系统。项目投入总工作量约为 175 个人月,项目总工期预估为 12 个月。工程概算送审金额为伍佰捌拾万元整

(¥5 800 000.00 元)。

9.2.2 审计实施

1. 送审资料

R 集团云收费平台项目送审资料包括《云收费平台项目需求规格说明书 V1.5》和《R 集团云收费平台建设概算》。项目概算汇总表如表 9.1 所示。

表 9.1　R 集团云收费平台概算汇总表

阶段	人员数量	工期/月	工作量/(人/月)	人月费用/(元/人月)	人员类型	总金额/元
初期阶段	1	7	7	30 714.29	产品(需求)经理、架构师等	215 000.00
管理阶段	1	6	6	35 000.00	项目经理	210 000.00
开发阶段	74	—	115	35 000.00	开发工程师、网络工程师等	4 025 000.00
测试阶段	4	1.75	7	20 000.00	测试工程师	140 000.00
优化阶段	5	2	10	35 000.00	整体	350 000.00
实施阶段	15	—	29	25 000.00	测试工程师、开发工程师	725 000.00
交付阶段	1	1	1	35 000.00	项目经理	35 000.00
二类费						100 000.00
合计	101		175	—		5 800 000.00

2. 审计(评审)依据

包括但不限于：

(1)《中华人民共和国审计法》；

(2)《中华人民共和国建筑法》；

(3)《中华人民共和国民法典》第三编合同；

(4)《中华人民共和国招标投标法》；

(5)《最高人民法院关于审理建设工程施工合同纠纷案件适用法律问题的解释》；

(6)《工程造价咨询单位执业行为准则》、《造价工程师职业道德行为准则》(中价协〔2002〕15号);

(7)《建设项目设计概算编审规程》(中价协〔2015〕77号)(CECA-GC2-2015);

(8)《软件开发成本度量规范》(GB/T 36964-2018);

(9)《信息化项目软件开发费用测算规范》(DB11/T 1010-2019);

(10)《软件成本度量国家标准实施指南》;

(11)《软件造价评估实施规程》(T/BSCEA 002-2019);

(12)其他相关资料。

3. 审计重点及程序

审计组根据合同委托的范围,收到上述资料后,现场了解项目的基本情况,收集整理必要的评审依据。根据审计(评审)要求,制订项目审计(评审)计划。确定审计重点为:

(1)审查设计总概算是否在批准投资估算限额或设计限额以内;

(2)审查设计总概算的内容完整性及是否符合集团概算编制要求,设计概算的内容是否与设计图纸或实施方案一致,是否存在概算与图纸或实施方案不符现象;

(3)审查设计概算中的建筑工程概算及设备安装工程概算工程量计算是否准确,套用定额、人工、材料价格、取费是否合理,定额缺项估价是否准确,后续调整系数计取是否得当,进口设备价格的计算是否合理;

(4)审查工程其他费用的列项是否齐全且符合集团报审要求,计算基数是否准确,计算比例是否符合要求。

审计组采用现场踏勘、审阅法、市场调查法、功能点测算法等方法,调查核实建设项目的基本情况,对已被列入审计(评审)范围的规模工作量、费用进行核查、计量、分析、取证、汇总,按规定格式和内容形成初审意见,并提交委托部门;与项目申报单位交换评审意见,并由项目申报单位在审计意见书上签署意见;出具审计(评审)报告。

9.2.3 审计结果

R集团云收费平台项目概算送审金额为伍佰捌拾万元整(¥5 800 000.00元),

经审核,该项目开发阶段、测试阶段、实施阶段存在个别功能点单价高、工时冗余情况,予以审减。审减金额为壹拾万元整(¥100 000.00 元),审定含税工程造价为伍佰柒拾万元整(¥5 700 000.00 元),最终调整人工、金额明细如表 9.2 所示。

表 9.2 R 集团云收费平台项目概算审定明细表

阶段	送审数		审定数		调整数	
	人月费用/(元/人月)	总金额/元	工作量/(人/月)	总金额/元	调整人工	调整金额/元
初期阶段	30 714.29	215 000.00	7	215 000.00	0	0.00
管理阶段	35 000.00	210 000.00	6	210 000.00	0	0.00
开发阶段	35 000.00	4 025 000.00	114	3 990 000.00	−1	−35 000.00
测试阶段	20 000.00	140 000.00	5	100 000.00	−2	−40 000.00
优化阶段	35 000.00	350 000.00	10	350 000.00	0	0.00
实施阶段	25 000.00	725 000.00	28	700 000.00	−1	−25 000.00
交付阶段	35 000.00	35 000.00	1	35 000.00	0	0.00
二类费		100 000.00		100 000.00	0	0.00
合计	—	5 800 000.00	171	5 700 000.00	−4	−100 000.00

9.3 网络基础设施建设项目预算审计案例

9.3.1 项目简介

A 大学是一所以工学为主,工、管、理、经、文、法等多学科门类协调发展的高校,在校生规模约为 15 000 人。为响应地方政府建设双一流高校的要求及高教园区建设规划,围绕学校"十三五"事业发展规划一期建设约 40 万平方米的新校区。为将新校园打造成为国内一流的现代化、信息化、园林化、智慧化的新校园,A 大学信息化发展规划将通过建立完善的信息化基础设施、应用系统与信息资源,促进信息技术与学校各类业务的深度融合,实现信息技术对教学、科研、管理、生活、服务的全面支持,全面提高学校人才培养质量,增强科研创新能力。网络设施基础建设作为整个智慧校园信息化应用的基础条件,是学校教学科研、行政办公、文化生活、素质培养、平安校园、绿色校园等校园活动开展的基础平台。

A大学校园网络基础设施建设项目的具体内容包括用户接入有线无线网络、校园核心网络及校园网出口的网络设备。根据建筑物的功能用途、实际网络需求等进行有线网络系统和无线网络系统的建设,同时实现各建筑物楼内网络系统与学校整个校园网的互连互通;根据新校区基建进度,完成竣工交付楼宇的有线无线网络设备采购、安装和调试,实现约33万平方米建筑的网络覆盖。

9.3.2 审计实施

1. 送审资料

被审计单位送审资料包括:项目申报文本、预算项目背景及发展规划等相关资料共22个文件;项目实施方案及专家论证材料共12个文件;项目预算测算资料共6个文件;项目过程管理和风险控制相关资料共7个文件;基建工程等共22个文件;弱电平面图纸等共38个文件。

该项目送审预算资金总额2 362万元,全部申请财政资金,其中网络硬件设备费用2 074万元、网络应用软件类费用151万元、其他费用137万元(详见表9.3)。

表 9.3 项目支出预算明细表

序号	项目名称	金额/万元	占比/%	序号	项目名称	金额/万元	占比/%
1	网络硬件设备	2 074	88	4	监理费	27	1
2	网络应用软件	151	6	5	安全测评费	14	1
3	集成费	96	4		合计	2 362	100

2. 审计(评审)依据

包括但不限于:

(1)《中华人民共和国审计法》;

(2)《中华人民共和国建筑法》;

(3)《中华人民共和国民法典》第三编合同;

(4)《中华人民共和国招标投标法》;

(5)《中华人民共和国政府采购法》;

(6)《中华人民共和国政府采购法实施条例》;

(7)《最高人民法院关于审理建设工程施工合同纠纷案件适用法律问题的解释》;

(8)《工程造价咨询单位执业行为准则》、《造价工程师职业道德行为准则》(中价协〔2002〕15 号);

(9)《建设项目设计概算编审规程》(中价协〔2015〕77 号)(CECA-GC2-2015);

(10)××市财政局《关于印发〈××市财政投资项目评审操作规程〉(试行)的通知》(××〔20××〕××号);

(11)××市财政局《关于修订〈××市市级项目支出预算管理办法〉的通知》(××财预〔20××〕2××号);

(12)××市财政局《关于编制 20××年市级部门预算的通知》;

(13)其他相关资料。

3. 审计重点及程序

审计组按照"客观、公正、科学、规范"的原则,现场了解项目的基本情况,收集整理必要的审计资料。根据审计(评审)要求,制订项目审计(评审)计划,采用定性与定量相结合的方式,运用访谈(询问、会议等)、现场踏勘、审阅法、文献分析法、比较分析法、专家评判法、详查法(全面审计法)、市场调查法、标准图审计法、对比审计法等方法对 A 大学的网络基础设施建设项目进行了预算审计。确定审计重点为:

(1)预算方案的经济合理性,审计预算是否符合信息化规划、上级批复的建设内容;审计预算是否全面、完整地反映了设计方案的内容和要求;审计预算中有无缺项、漏项、多项或重复申报的部分。

(2)审计预算的规范性及资料的完备性。审计计算机硬件设备预算,包括核心交换机、多功能控制网关、光纤接入交换机等设备;审计应用软件的预算,包括网管软件、园区策略控制系统等。审计编制预算所采用的定额、指标及设备价格取费标准是否符合现行规定,设备种类、规格型号和数量是否与立项批复的设备清单和图纸相符,计算是否准确,预算定额指标是否正确套用;审计人工、材料价格及其他费用的取费计算依据是否合理合规;审计系统集成费、管理费、安装调试费等的取费名称、取费基础、费率是否符合规定。

审计组通过对已被列入审计范围的预算进行核查、计量、分析、取证、汇总,按规定格式和内容形成初审意见,并提交委托部门;与项目申报单位交换评审意见,并由项目申报单位在审计意见书上签署意见;最后出具审计(评审)报告。

9.3.3 审计结果

A大学校园网络基础设施建设项目预算送审金额为贰仟叁佰陆拾叁万元整(¥23 630 000.00元),经审核,光纤交换机、无线面板、24口POE交换机等设备,根据市场询价,申报价格偏高,部署态势感知与安全运营系统专用数据传感器必要性不足,予以审减。软件部分预算部署态势感知与安全运营系统必要性不足,予以审减。根据相关文件服务类费用申报金额偏高,结合设备及软件类的审减情况相应审减。最终审减金额为贰佰陆拾玖万元整(¥2 690 000.00元),审定含税造价为贰仟零玖拾肆万元整(¥20 940 000.00元),汇总如表9.4所示。

表9.4　A大学校园网络基础设施建设项目审定表

序号	名称	申报预算金额/万元	审定预算金额/万元	审减金额/万元	备注
一	硬件类费用	2 074.00	1 891.00	184.00	市场询价,报价偏高;个别设备必要性不足
其中	网络硬件购置费	2 074.00	1 891.00	184.00	
二	软件类费用	151.00	79.00	72.00	市场询价,报价偏高;个别设备必要性不足
其中	网络软件购置费	151.00	79.00	72.00	
三	相关其他费用	137.00	124.00	13.00	
1	集成费	96.00	85.00	11.00	申报费用偏高
2	安全测评费	14.00	14.00	—	参考三方报价
3	监理费	27.00	25.00	2.00	申报费用偏高
总计		2 363.00	2 094.00	269.00	

9.4 信息资源服务项目采购文件（含招标控制价）审计案例

9.4.1 项目简介

G集团是一家具有全球子公司的大型企业集团，其IT部门负责集团全球IT资源和链路服务需求的租赁、购置和运维。根据年度资金预算及业务规划，需对全球范围内的网络服务器及其他资源租赁、通信资源服务、链路资源建设进行集中采购。受疫情影响及出于保密需要，该项目采用竞争性磋商方式进行采购。

审计组接受G集团委托，对其采购文件进行审计。根据项目委托书，委托方对资料的真实性、合法性和完整性负责；审计组对采购文件需求完整明确、达到审核条件的项目资料发表审计意见。

项目采购文件送审金额共计900万元。

9.4.2 审计实施

1. 送审资料

(1) 项目需求任务书；
(2) 招标控制价送审文件；
(3) 竞争性磋商文件；
(4) 信息资源分类及招标控制价清单明细表；
(5) 预算核算过程及依据；
(6) 其他相关资料。

2. 审计依据

包括但不限于：
(1)《中华人民共和国民法典》；

(2)《中华人民共和国政府采购法》;

(3)《中华人民共和国审计法》;

(4)《中华人民共和国政府采购法实施条例》;

(5)《中华人民共和国审计法实施条例》;

(6)《政府投资项目预算审核管理办法》;

(7)《工程造价咨询业务操作指导规程》(中价协〔2002〕16 号);

(8)《工程造价咨询单位执业行为准则》(中价协〔2002〕15 号);

(9)《建设项目全过程造价咨询规程》(CECA/GC 4-2017);

(10)《政府采购竞争性磋商采购方式管理暂行办法》(财库〔2014〕214 号);

(11) G 集团内部控制制度文件。

3. 重点及程序

该项目为租赁资源项目,主要建设一套标准化、统一化的资源配备标准,资源需求主要包括网络资源、通信资源、链路资源三部分。审计组审核了竞争性磋商文件中的具体条款及招标控制价清单明细,重点关注采购文件是否对供应商设计了差别化条款或歧视待遇;项目技术需求是否清晰明确,参数、规格型号、数量及质量要求是否具体规范;控制价是否客观公允且符合全球各地区的市场情况等。

审计组采用以下程序实施审计:①收集并审阅送审资料、了解情况。②编制审核方案并报批。③召开咨询项目审核前的协商会议。④根据报批的审核方案和送审资料审核,审计组认真分析项目需求,核定全球各地区具体资源项目数量;在此基础上,对全球各地所需资源进行市场调查以核定单价;根据核定的单价确定总资源招标控制价。同时,根据相关法律法规及项目实际情况,对采购文件条款进行了审核,出具初步成果文件。⑤检查核对初步成果文件后,报公司主管负责人审查批准。⑥批准后的初步成果文件定案后,向有关各方征询意见。⑦项目责任单位代表人在审核结果确认表上签字。⑧向委托单位出具成果文件。

审计组经过市场调研,综合考虑地域差异等情况发现送审价格偏高,因此进行了重新核算;经审核,G 口××服务器(M 国)单价和 IP××资源单价偏高,审核组予以调整。根据确定的数量和单价重新得出审核结果,同时对采购文件个别条款提出了调整建议。

9.4.3　审计结果

审计组对该信息服务资源项目招标控制价、采购文件商务条款、评标标准等条款进行了审计。经审计，提出如下审计意见及建议：

(1) 该项目送审金额为 9 000 000 元，审核最高限价为 7 696 700 元，直接审减金额为 1 303 300 元（如表 9.5 至表 9.8 所示）。审定数量根据送审资料确定，单价参考市场调查后审定，审核后单价为含税的全费用综合单价。为保证审核结果的时效性，本次审计招标控制价最高限价有效期为 3 个月。

表 9.5　G 集团信息资源服务项目招标控制价审定表

序号	名称	申报控制价/元	审定控制价/元	审减金额/元	备注
一	×网络资源费	5 500 000	4 220 100	1 279 900	市场询价，报价偏高
二	×通信资源费	2 900 000	2 900 000	0	
三	×链路资源费	600 000	576 600	23 400	市场询价，报价偏高
	总计	9 000 000	7 696 700	1 303 300	

表 9.6　G 集团××网络资源项目招标控制价审核前后对比表

序号	项目名称	国家	单位	租期	审核前			审核后			增减额/元
					数量	单价/元	小计/元	数量	单价/元	小计/元	
1	G口×服务器	M 国	台	年	40	9 950	398 000	40	8 000	320 000	−78 000
2	G口×服务器	F 国	台	年	35	10 005	350 175	35	10 005	350 175	0
3	G口×服务器	S 国	台	年	40	10 050	402 000	40	10 050	402 000	0
4	G口×服务器	A 国	台	年	35	9 995	349 825	35	9 995	349 825	0
5	G口×服务器	B 国	台	年	40	10 000	400 000	40	10 000	400 000	0
6	IP 资源	Y 国	个	月	25 000	14.9	372 500	25 000	10	250 000	−122 500
7	IP 资源	I 国	个	月	25 000	15.1	377 500	25 000	10	250 000	−127 500
8	IP 资源	E 国	个	月	25 000	14.9	372 500	24 965	10	249 650	−122 850
9	IP 资源	T 国	个	月	25 000	15.1	377 500	25 000	10	250 000	−127 500
10	IP 资源	B 国	个	月	25 000	15	375 000	24 960	10	249 600	−125 400

续表

序号	项目名称	国家	单位	租期	审核前			审核后			增减额/元
					数量	单价/元	小计/元	数量	单价/元	小计/元	
11	IP资源	IT国	个	月	25 000	15	375 000	25 000	10	250 000	−125 000
12	IP资源	M国	个	月	20 000	15.2	304 000	19 960	10	199 600	−104 400
13	IP资源	TY国	个	月	25 000	15.1	377 500	24 960	10	249 600	−127 900
14	IP资源	NF国	个	月	20 000	14.8	296 000	19 965	10	199 650	−96 350
15	IP资源	R国	个	月	25 000	14.9	372 500	25 000	10	250 000	−122 500
	合计						5 500 000			4 220 100	−1 279 900

表9.7　G集团×通信资源项目招标控制价审核前后对比表

序号	项目名称	国家	单位	租期	审核前			审核后			增减额/元
					数量	单价/元	小计/元	数量	单价/元	小计/元	
1	账号	世界	个	年	25 000	80	2 000 000	25 000	80	2 000 000	0
2	境外IP和虚拟机	F国	个	年	5 000	37	185 000	5 000	37	185 000	0
3	境外IP和虚拟机	M国	个	年	5 000	35	175 000	5 000	35	175 000	0
4	境外IP和虚拟机	C国	个	年	5 000	36	180 000	5 000	36	180 000	0
5	境外IP和虚拟机	A国	个	年	5 000	36.5	182 500	5 000	36.5	182 500	0
6	境外IP和虚拟机	NF国	个	年	5 000	35.5	177 500	5 000	35.5	177 500	0
	合计						2 900 000			2 900 000	

表9.8　G集团×链路资源项目招标控制价预算审核前后对比表

序号	项目名称	国家	单位	租期	审核前			审核后			增减额/元
					数量	单价/元	小计/元	数量	单价/元	小计/元	
1	境外××链路	M国	台	年	12	9 950	119 400	12	8 000	96 000	−23 400
2	境外××链路	F国	台	年	12	10 005	120 060	12	10 005	120 060	0
3	境外××链路	S国	台	年	12	10 050	120 600	12	10 050	120 600	0
4	境外××链路	A国	台	年	12	9 995	119 940	12	9 995	119 940	0
5	境外××链路	B国	台	年	12	10 000	120 000	12	10 000	120 000	0
	合计						600 000			576 600	−23 400

（2）采购文件商务部分供应商业绩要求存在"以不合理条件对供应商实行差别待遇或歧视待遇"现象。采购文件 P16 评分标准中供应商业绩要求"供应商需提供行业相关业绩证明文件每提供一份得 1 分，最高得 3 分，需提供合同复印件并加盖供应商公章"。

依据《政府采购法实施条例》第二十条"采购人或者采购代理机构有下列情形之一的，属于以不合理的条件对供应商实行差别待遇或者歧视待遇（一）……（四）以特定行政区域或者特定行业的业绩、奖项作为加分条件或者中标、成交条件；（五）……（八）以其他不合理条件限制或者排斥潜在供应商"。属于以不合理条件对供应商实行差别待遇或歧视待遇。建议项目责任单位核实并修改。

9.5 数据分析服务项目待签合同审计案例

9.5.1 项目简介

M 局是某政府部门下属二级预算单位，其 IT 部门作为单位 IT 业务的主责部门，负责该单位数据中心的建设、运维及数据分析服务。根据年度资金预算及业务规划，需构建该单位数据中心并对跨平台数据战略研判进行数据分析。出于数据安全及保密要求，该项目采用竞争性磋商方式进行采购。采购预算最高限价为 1 611 030 元。

审计组接受 M 局委托，对其待签合同文件进行审计。根据项目委托书，委托方对资料的真实性、合法性和完整性负责；审计组对待签合同文件需求完整明确、达到审核条件的项目资料发表审计意见。

9.5.2 审计实施

1. 送审资料

（1）项目需求任务书；

(2) 预算批复文件；

(3) 竞争性磋商文件；

(4) 成交供应商响应文件；

(5) 评标报告；

(6) 成交通知书；

(7) 采购文件审核报告；

(8) 待签合同文件；

(9) 其他相关资料。

2. 审计依据

包括但不限于：

(1)《中华人民共和国民法典》；

(2)《中华人民共和国政府采购法》；

(3)《中华人民共和国审计法》；

(4)《中华人民共和国政府采购法实施条例》；

(5)《中华人民共和国审计法实施条例》；

(6)《政府采购非招标采购方式管理办法》(财政部令第74号)；

(7)《政府投资项目预算审核管理办法》；

(8)《工程造价咨询业务操作指导规程》(中价协〔2002〕16号)；

(9)《工程造价咨询单位执业行为准则》(中价协〔2002〕15号)；

(10)《建设项目全过程造价咨询规程》(CECA/GC 4-2017)；

(11)《政府采购竞争性磋商采购方式管理暂行办法》(财库〔2014〕214号)。

3. 审计重点及程序

审计组重点审查了以下内容：①送审合同条款是否符合《中华人民共和国民法典》及相关法律法规的规定；②正式竞争性磋商文件是否落实采购文件审核报告中相关建议；③送审合同金额是否在审核预算最高限价范围内；④送审合同中的实质性条款是否符合竞争性磋商文件、成交供应商响应文件相关内容；⑤送审合同付款方式是否合理；⑥送审合同条款是否遵循了招标文件的合同条款，投标文件中的承诺是否齐全，其他条款是否符合竞争性磋商文件、成交供应商响应文件的其他内容；⑦招标过程文件是否合规合法；⑧中标公示是否取得；⑨其他对造价有影响的内容。

审计组采用以下审计程序实施审计：①收集并审阅送审资料，了解情况；②编制审核方案并报批；③召开咨询项目审核前的协商会议；④根据报批的审核方案和送审资料审核，出具初步成果文件；⑤检查核对初步成果文件后，报公司主管负责人审查批准；⑥批准后的初步成果文件定案后，向有关各方征询意见；⑦项目责任单位代表人在审核结果确认表上签字；⑧向委托单位出具成果文件。

9.5.3 审计结果

经审计，送审项目合同符合《中华人民共和国民法典》及相关法律法规的规定。正式竞争性磋商文件落实了审核建议(7条)。该项目审核预算最高限价为 1 611 030 元，送审合同金额为 1 578 000 元，送审合同金额在项目审核预算最高限价范围内。竞争性磋商过程符合相关规定。送审合同中的实质性条款符合竞争性磋商文件、成交供应商响应文件的相关内容。送审合同中的付款方式合理，其他条款符合竞争性磋商文件、成交供应商响应文件的其他内容。

但是，待签合同存在以下问题，建议进一步完善：①待签合同缺少详细的服务方案，建议将详细的服务方案作为合同的附件并在服务方案中明确 10 名高级数据分析师和 10 名中级分析师的基本情况，包括姓名、年龄、性别、工作履历和相关毕业证书、其他证书等。②该项目为人员服务项目，待签合同中缺少详细的费用报价清单，且成交供应商响应文件中报价未体现人员数量、服务时长与该项目费用的关系，不利于项目后期的结算，建议按照相关人员数量、服务时长、人工单价等逻辑关系对报价单进行细化并作为合同的附件。③待签合同价款支付节点不明确。待签合同"协议费用及支付方式"中约定合同签订后，乙方先行给甲方开具普通增值税发票，甲方收到发票后及时一次性付清款项，该付款方式未明确合同价款支付节点。建议进一步明确合同支付时点及付款金额。④项目验收的质量条款不清晰。由于本项目为数据分析服务类项目，建议进一步明确各里程碑的服务质量及数量要求。依据《中华人民共和国民法典》第四百七十条"合同的内容由当事人约定，一般包括下列条款：(一)当事人的姓名或者名称和住所；(二)标的；(三)数量；(四)质量；(五)价款或者报酬；(六)履行期限、地点和方式；(七)违约责任；(八)解决争议的方法"。

9.6 系统集成项目结算审计案例

9.6.1 项目简介

D市政府为了加强对全市网络舆情的监管力度,由其业务主管厅局承担D市××信息指挥中心项目建设。该项目旨在为D市提供对舆情的实时监控管理和应急指挥调度,满足D市对各类信息舆情基础资源管理、对舆情情况的实时监控以及对发生的各类事件的记录管理,加强政府对舆情的实时监管及调度、应急响应等。

D市××信息指挥中心建设项目包括硬件及成品软件、定制开发软件、系统集成费(包含安装调试费等)、培训售后服务及技术支持等费用共59 373 258.85元。

9.6.2 审计实施

1. 送审资料

D市××信息指挥中心建设项目送审金额63 318 553.34元,包括合同内金额59 373 258.85元,合同外及工程洽商金额共3 945 294.49元(如表9.9所示)。

表9.9 D市××信息指挥中心建设项目送审金额汇总表

序号	项目名称	报送金额/元
1	合同清单	59 373 258.85
1.1	硬件及成品软件费	54 613 258.85
1.2	定制开发费用	3 260 000.00
1.3	系统集成费用(包含安装调试费等)	1 500 000.00
1.4	培训、售后服务、技术支持等费用	—
2	设计变更	—

续表

序号	项目名称	报送金额/元
3	工程洽商	2 574 550.98
4	补充合同清单	1 370 743.51
	合计	63 318 553.34

该项目提供了以下资料供审计：

（1）项目合同书；

（2）补充协议书；

（3）送审结算书；

（4）工程洽商记录；

（5）竣工图纸；

（6）项目验收报告；

（7）其他相关资料。

2. 审计依据

包括但不限于：

（1）《中华人民共和国审计法》；

（2）《中华人民共和国建筑法》；

（3）《中华人民共和国民法典》；

（4）《中华人民共和国招标投标法》；

（5）《最高人民法院关于审理建设工程施工合同纠纷案件适用法律问题的解释》；

（6）住建部第16号令《建筑工程施工发包与承包计价管理办法》；

（7）财建〔2004〕369号财政部、建设部关于印发《建设工程价款结算暂行办法》；

（8）中国建设工程造价管理协会〔2002〕15号《工程造价咨询单位执业行为准则》及《造价工程师职业道德行为准则》；

（9）中国建设工程造价管理协会《建设项目工程结算编审规程》（CECA/GC 3-2010）；

（10）其他法律法规。

3. 审计重点及程序

审计组以维护国家利益、发包人和承包人的合法权益为出发点,坚持实事求是、诚实信用和客观公正的原则,重点审查了以下几个方面的内容:①该单位的内部控制、项目管理、造价控制及风险防控;②结算资料递交手续程序的合法性,以及结算资料的法律效力;③结算资料的完整性、真实性和相符性;④建设工程发承包合同及其补充合同的合法和有效性;⑤施工发承包合同范围以外调整的工程价款;⑥发包人单独分包工程项目的界面划分和总包人的配合费用;⑦工程变更、索赔、奖励及违约费用;⑧取费、税金、政策性调整及材料价差计算;⑨实际施工工期与合同工期发生差异的原因和责任,对工程造价的影响程度,以及其他涉及工程造价的内容。

审计组采用访谈(询问、观察、会议等)、现场踏勘、审阅法、详查法(全面审计法)、市场调查法、功能点测算法、分析性复核、标准图审计法、分组计算审计法、对比审计法、审计抽样(重点审计法)、成本度量等方法,依据以下审计程序开展结算审计工作:①收集并审阅资料、了解情况;②编制实施方案并报批;③召开咨询项目实施前的协商会议;④开展工程造价的各项计量与计价,向有关单位询问并核对;⑤对咨询初步成果文件进行检查核对后,向有关各方征询意见,并进行合理的调整;⑥将核对后咨询初步成果文件报公司主管负责人审查批准;⑦召开咨询成果的定案会议,发承包双方代表人和审查人分别在结算审定签署表上签字确认并加盖公章;⑧向委托单位出具成果文件。

9.6.3 审计结论

审计组履行了必要的审计程序,对D市××信息指挥中心建设项目开展了结算审计。经审核,项目建设单位建立了项目管理、风险控制、应急响应等相应内部控制制度,项目能够有效执行相关法律法规及内部控制要求,工程管理流程较为规范。

D市××信息指挥中心建设项目送审金额为人民币陆仟叁佰叁拾壹万捌仟伍佰伍拾叁元叁角肆分(¥63 318 553.34元),经审核,审减金额为人民币贰佰万零肆佰肆拾元肆角叁分(¥2 000 440.43元),审定含税工程造价为人民币陆仟壹佰叁拾壹万捌仟壹佰壹拾贰元玖角壹分(¥61 318 112.91元)(详情如表9.10所示)。

表 9.10 D 市××信息指挥中心建设项目结算审计对比表

序号	项目名称	报送金额/元	审核金额/元	调整金额/元
1	合同清单	59 373 258.85	59 373 258.85	—
1.1	硬件及成品软件费	54 613 258.85	54 613 258.85	—
1.2	定制开发费用	3 260 000.00	3 260 000.00	—
1.3	系统集成费用(包含安装调试费等)	1 500 000.00	1 500 000.00	—
1.4	培训、售后服务、技术支持等费用	—	—	—
2	设计变更	—	—	—
3	工程洽商	2 574 550.98	857 992.85	−1 716 558.13
4	补充合同清单	1 370 743.51	1 086 861.21	−283 882.30
	合计	63 318 553.34	61 318 112.91	−2 000 440.43

该项目合同内清单项目严格按照合同约定执行,补充合同及工程洽商部分存在个别工程量或单价虚高等现象,经逐项审核,工程洽商审减 1 716 558.13 元,补充合同清单部分审减 283 882.30 元,明细如表 9.11 和表 9.12 所示。

表 9.11 D 市××信息指挥中心建设项目工程洽商审计对比表

序号	项目名称	报送金额/元	审核金额/元	调整金额/元
1	工程洽商 08-10-C2-001	0.00	0.00	0.00
2	工程洽商 08-10-C2-002	3 750,195.10	2 183 513.00	−1 566 682.10
3	工程洽商 08-05-C2-003	959 890.15	918 115.20	−41 774.95
4	工程洽商 08-05-C2-004	268 480.73	221 810.79	−46 669.94
5	工程洽商 06-00-C2-005	24 411.85	18 595.26	−5 816.59
6	工程洽商 07-00-C2-006	6 131.86	5 916.37	−215.49
7	工程洽商 08-10-C2-007	−659 421.50	−714 742.00	−55 320.50
8	工程洽商 07-00-C2-008	4 862.79	4 784.23	−78.56
9	工程洽商 08-10-C2-009	−1 600 000.00	−1 600 000.00	0.00
10	工程洽商 08-10-C2-010	−180 000.00	−180 000.00	0.00
	合计	2 574 550.98	857 992.85	−1 716 558.13

表9.12　D市××信息指挥中心建设项目补充合同清单审计对比表

序号	单位项目/工程名称	报送金额/元	审核金额/元	调整金额/元
1	UPS电气设备工程	260 031.75	200 896.14	−59 135.61
2	设备用空调工程	279 230.57	237 936.38	−41 294.19
3	新风工程	419 141.58	389 879.77	−29 261.81
4	消防改造工程	189 820.78	97 332.84	−92 487.94
5	安防改造工程	93 569.91	72 827.88	−20 742.03
6	电动窗帘电机、照明插座柜电缆	128 948.92	87 988.20	−40 960.72
	合计	1 370 743.51	1 086 861.21	−283 882.30

9.7　电子公文系统安全改造项目决算审计案例

9.7.1　项目简介

Y公司为一家中型全民所有制企业。为了提升公司公文管理系统的安全性水平，Y公司在原电子公文系统基础上针对安全性要求进行升级改造。202×年7月经办公会研究，批复实施电子公文系统安全改造项目，总投资批复预算270万元，由公司自有资金支持。

Y公司电子公文系统安全改造采用J2EE架构，B/S模式开发，基于公司软硬件基础环境，保证公文系统能够稳定、高效、安全地运行，满足领导与员工日常办文、查文、看文的全部需求。该系统的主要功能包括：发文管理、收文管理、签报管理、监控管理、文件查询与统计、便捷操作功能、特殊流转功能、电子签章管理、后台管理及历史数据迁移等。

9.7.2 审计实施

1. 送审资料

(1)竣工财务决算报表;

(2)立项通知书;

(3)概算批复及其他审批文件;

(4)单一来源采购及流程文件、相关记录等;

(5)概算审计报告;

(6)合同;

(7)付款材料;

(8)初验报告、竣工验收报告;

(9)财务资料、会议纪要及其他资料等。

2. 审计依据

包括但不限于:

(1)《基本建设财务规则》;

(2)《基本建设项目竣工财务决算管理暂行办法》(财建〔2016〕503号);

(3)关于印发《基本建设项目建设成本管理规定》的通知(财建〔2016〕504号);

(4)《会计师事务所从事基本建设工程预算、结算、决算审核暂行办法》(财协字〔1999〕103号);

(5)《关于解释基本建设财务管理规定执行中有关问题的通知》(财建〔2003〕724号);

(6)《中国注册会计师审计准则》。

3. 审计重点及程序

审计组接受委托,对Y公司电子公文系统安全改造项目建设全过程经济活动的真实性、合法性、效益性进行审计,并形成竣工决算审计报告。Y公司的责任是提供与该项目建设全过程经济活动相关的制度、批复、招投标过程、合同、会计账簿、凭证及报表等项目资料,并对其真实性、合法性、完整性负责;审计组的责任是依据国家的有关规定,按照独立、客观、公正的审计原则,采用恰当的审计程序进行审计并发表审计意见,在实施审计工作的基础上,对上述竣工决算资料出具工程竣工决算审计报告,并保证审计报告的真实性、合法性。

该项目建设资金来源为公司自筹,按照项目进度支付给相关单位。

审计组采用访谈(询问、观察、会议等)、现场踏勘、审阅法、详查法(全面审计法)、分析性复核、对比审计法、审计抽样等方法,重点对以下事项进行审查并确认如下:

(1) 审计了项目投资采购及预算下达情况。202×年8月采用单一来源采购方式与供应商签订软件开发合同,合同金额为2 587 000元;项目已于第二年7月竣工验收,实际到位并支付建设资金206.96万元,应付款项52.257 4万元。

(2) 确认投资完成交付使用资产情况。截至审计日,经审计确认,审定该项目完成投资2 592 174.00元(含可抵扣进项税金额),具体明细如表9.13所示。

表9.13 Y公司电子公文系统安全改造项目完成投资情况汇总表

名称	无形资产/元	可抵扣进项税金额/元
软件开发支出	2 440 566.03	146 433.97
待摊投资	4 881.13	292.87
合计	2 445 447.16	146 726.84

截至审计日,该项目交付使用资产2 445 447.16元,为无形资产,可抵扣进项税为146 726.84元。

(3) 确认批复预算的执行情况。该项目批准执行概算为2 700 000元,经审计,实际完成投资总额2 592 174元,实际投资较概算节约107 826元,节约率为3.99%。

(4) 审核项目建设管理情况。①项目招投标管理情况。该项目建设由Y公司采用预算控制,信息中心具体负责项目建设与管理。202×年7月17日,Y公司办公室文件(Y办综〔202×〕43号),批复同意该项目采用单一来源的方式确定供应商。电子公文系统初次开发由XS电子科技有限公司负责,该单位是通过公开招标选取的。本次建设内容是对之前开发的电子公文系统进行安全改造,考虑系统开发的一惯性及对系统的了解,Y公司仍与之前的软件开发服务单位合作,即采用单一来源方式,委托 XS 电子科技有限公司负责该项目的实施。②项目合同管理情况。该项目共签订软件开发合同 1 份、决算审计合同 1 份,主要合同签订情况如表 9.14 所示。③尾工工程情况。经审计,该项目无尾工情况。

表 9.14　Y 公司电子公文系统安全改造项目合同汇总表

序号	合同项目	承包商	合同金额/元
1	软件开发合同	XS 电子科技有限公司	2 587 000.00
2	竣工财务决算审计合同	ZQ 会计师事务所	5 174.00
	合计	—	2 592 174.00

9.7.3　审计结果

经审计,审计组认为后附的该项目竣工财务决算报表符合财政部《基本建设项目竣工财务决算管理暂行办法》(财建〔2016〕503 号)等相关法律法规的规定,在所有重大方面公允地反映了该项目竣工决算情况。建议按照审定金额批复同意办理无形资产交付及财务核算等相关手续。

本报告仅供 Y 公司电子公文系统安全改造建设项目竣工财务决算使用,不应作其他用途。委托人或第三者因使用审计报告不当造成的后果,与注册会计师及其所在会计师事务所无关。

附录
审计文书参考模板

附录1 审计通知书

××××（审计机关或内部审计单位全称）
　　审计通知书
　　×审×通〔20××〕××号
××××（审计机关名称）对××××（项目名称）进行××审计
　　（评审/专项审计调查）的通知
××××（主送单位全称或规范简称）：
　　根据《中华人民共和国审计法》第××条的规定，我部（委、厅、局、办、处）决定派出审计组，自××××年××月××日起，对你单位××××进行××审计（评审/专项审计调查），必要时将追溯到相关年度或延伸审计（调查）有关单位。请予以配合，并提供有关资料（包括电子数据资料）和必要的工作条件。
　　审计组组长：×××
　　审计组副组长：×××
　　审计组成员：×××（主审）、×××、×××
　　附件：×××××
　　审计机关或内部审计单位印章
　　××××年××月××日

-121-

附录2 信息化建设项目审计资料清单

项目名称：

序号	内容	立项	概/预算	采购文件	待签合同	系统安全	验收审计	结算审计	决算审计	绩效审计
1	单位的战略发展规划	✓	✓			✓				✓
2	信息化规划及批复文件	✓	✓			✓				✓
3	上级有关要求、批示文件等（如有）	✓	✓			✓				
4	项目申报文本	✓	✓							
5	项目建议书（可行性研究报告）	✓	✓	✓						
6	项目论证报告、评估报告或专家评审意见等	✓	✓							
7	项目设计方案、实施方案	✓	✓	✓						
8	项目相关说明	✓	✓			✓				
9	项目概预算设计测算材料，包括但不限于采购报价对比材料、建设明细表和预算支出明细	✓	✓							
10	概（预）算明细表（定额、指标、费用标准）	✓	✓	✓						
11	项目建设情况说明	✓	✓	✓						
12	项目相关需求规格说明书	✓	✓			✓				
13	项目建设内容及调研、论证情况说明	✓	✓							
14	项目产品购置报价表	✓	✓	✓						
15	工程图（如有）	✓	✓							
16	项目绩效目标申报表或预期绩效报告	✓	✓							✓
17	预算批复文件			✓	✓					✓
18	项目过程管理与风险控制相关内部控制制度汇编	✓	✓	✓	✓	✓	✓	✓	✓	✓
19	信息化项目管理机制、风险评估机制、监督制约机制等相关文件	✓	✓	✓	✓	✓	✓	✓		✓

附　录
审计文书参考模板

续表

序号	内容	立项	概/预算	采购文件	待签合同	系统安全	验收审计	结算审计	决算审计	绩效审计
20	项目审查意见函	✓	✓	✓	✓					
21	资金来源证明			✓						
22	采购意向公示相关材料			✓						
23	采购文件,采购需求任务书(包括:评分评标细则、采购清单、商务要求、技术要求、质保期限及售后服务要求等)			✓	✓					
24	有关未采纳预算审计意见的说明(适用于进行过预算审计的项目)			✓	✓					
25	正式招标文件、谈判文件或询价通知书(包含需求文件;招标公告;招标文件、谈判文件或询价通知书;评标报告或评审报告;中标通知书等)			✓	✓		✓	✓	✓	✓
26	中标人投标文件或响应文件				✓			✓		
27	中标人的相关资质等级证书(如投标文件中包含,可在投标文件中做标注)				✓					
28	中标人所有投标承诺(如投标文件中包含,可在投标文件中做标注)				✓			✓		
29	有关未采纳招标前审计意见的说明(适用于进行过招标前审计的项目)				✓					
30	待签合同文件				✓					
31	已签订的合同、补充合同(协议)等					✓	✓	✓	✓	
32	前一环节审计报告(审计意见)			✓	✓	✓	✓	✓	✓	✓
33	信息化项目相关会议纪要、通知、检查实施结果、报告、整改等资料			✓	✓	✓	✓	✓	✓	✓
34	设计变更审批表(附变更方案)、工程洽商审批表、现场签证记录单等相关文件、资料						✓	✓	✓	
35	供应商的请款函						✓	✓		
36	采购、验收、入库及其他相关资料						✓	✓	✓	
37	发票及其他财务资料						✓	✓	✓	✓
38	项目进度计划、形象进度						✓	✓		

续表

序号	内容	立项	概/预算	采购文件	待签合同	系统安全	验收审计	结算审计	决算审计	绩效审计
39	项目开工许可证						√	√		
40	项目施工日志							√		
41	施工图纸						√	√		
42	保密协议、廉政承诺书				√	√				
43	入库单						√	√		
44	验收报告		√	√			√	√		√
45	相关测试、测评报告		√	√			√	√		
46	相关科技成果如软件著作权、专利证书、源代码清单			√			√			√
47	工程量、投资变化对照清单		√	√			√	√	√	√
48	分项造价文件		√	√			√	√	√	√
49	监理日志、监理报告		√	√			√			
50	专业工程师审核意见					√	√	√		
51	信息技术治理制度相关文件					√				
52	信息技术部门的组织结构架构					√				
53	相关人员岗位职责权限对照表					√				
54	系统软硬件清单			√	√	√	√	√		
55	授权审计使用的系统账号、用户权限变更的审批单					√	√			
56	系统监控管理报告、监控反馈、跟踪处理文档					√	√			
57	全部故障记录表、故障周报签报及审批情况,异常情况报告和差错报告					√	√			
58	网络拓扑图					√	√			
59	信息安全培训、质量及售后服务方案					√	√	√		
60	业务账号处理记录(授权、变更、冻结、解冻、登录),账号访问权限对照表					√				
61	员工岗位变更资料及口令、用户删除及移交清单					√				

续表

序号	内容	立项	概/预算	采购文件	待签合同	系统安全	验收审计	结算审计	决算审计	绩效审计
62	系统运维、服务、流程示意图					√				
63	灾难恢复管理组织架构、流程、策略、预案、技术保障及机制、灾备切换演练文件、问题及演练总结等					√				
64	所需的各种日志文件					√				
65	信息安全、质量、运维服务及其他培训方案					√	√	√		
66	网络物理连接图、逻辑连接图(IP 分配)	√	√							
67	网络安全设计和实施方案					√				
68	网络测试报告					√				
69	防火墙、入侵检测系统、路由器、交换机、网关等配置文件及安全日志文件					√				
70	操作系统安全日志文件、文件访问记录、数据备份记录					√				
71	远程访问控制设定及安全日志文件					√				
72	信息化项目开发文档和测试文件					√	√	√		
73	数据库安全日志、数据备份记录、数据库账号及对应权限表					√				
74	系统维护记录					√	√	√		
75	网站访问记录					√				
76	信息安全风险评估、安全检查、审计、评估及其他第三方测评报告等					√	√			
77	绩效完成指标及完成情况报告									√
78	其他相关资料	√	√	√	√	√	√	√	√	√

附录3 审计资料接收单

被审计单位：_____ 审计组（受托单位）：_____

项目名称：_____ 审计类别：_____

被审计单位于_____年_____月_____日将下列资料交给审计组（受托单位）

序号	资料名称	份数	页数	载体类别
1	项目建议书、可行性研究报告			
2	项目相关审批函件			
3	与建设项目有关的资料、图纸、设计文件等			
4	项目方案			
5	项目申报文本及预算申报明细表等			
6	……			
7	其他资料			

送审经办人：_____ 审计组（受托单位）：_____ 项目负责人/审核人：_____

审计组（受托单位）于_____年____月____日将上述资料一并交还给委托单位。

送审经办人：_____ 受托单位经办人：_____ 项目负责人/审核人：_____

附录4 预算(控制价/结算)审计定案汇总表

项目名称：

序号	费用名称	送审数			审定数			调整金额/元	备注
		数量	单价/元	金额/元	数量	单价/元	金额/元		
	总计								
一	软硬件购置费								
1	专用设备购置费								
2	通用设备购置费								
3	产品软件购置费及服务费、许可费等								
4	定制软件开发费								
5	其他配套设备购置费								
二	配套建安工程费								
1	机房改造工程费								
2	综合布线工程费								
3	安防系统工程费								
4	多媒体系统工程费								
5	其他弱电系统工程费								
三	其他相关费用								
1	系统集成费								
2	规划设计费								
3	招标代理费								
4	监理费								
5	安全测评费								

续表

序号	费用名称	送审数			审定数			调整金额/元	备注
		数量	单价/元	金额/元	数量	单价/元	金额/元		
6	软件测评费								
7	信息资源建设费								
8	标准规范建设费								
9	网络(链路)租赁费								
10	云服务租赁费								
11	招标代理服务费								
12	系统运维费								
13	技术服务费								
14	其他费用								

附录5 预算(控制价/结算)审计设备购置类分项明细表

序号	信息化项目相关设备及软件名称（包括但不限于）	申报预算			审定预算			审减金额/元	备注
		数量	单价/元	金额/元	数量	单价/元	金额/元		
一	专用设备购置费								
1	网络、服务器机柜								
2	防火墙								
3	与安防系统工程相关的各种专项设备								
4	其他零星专项设备								
5	其他设备								
	……								
二	通用设备购置费								
1	交换机(核心、汇聚、接入)								
2	路由器								
3	VPN设备								
4	负载均衡								
5	入侵检测								
6	网闸								
7	摄像头(机)								
8	硬盘录像机								
9	自助取号机								
10	服务器(应用、数据、虚拟化、其他)								
11	系统设备组件								
12	磁盘阵列								

续表

序号	信息化项目相关设备及软件名称（包括但不限于）	申报预算			审定预算			审减金额/元	备注
		数量	单价/元	金额/元	数量	单价/元	金额/元		
13	存储用光纤交换机								
14	网络存储								
15	其他存储设备								
16	机房专用 UPS 电源								
17	机房专用空调								
18	台式机								
19	便携式计算机								
20	PDA								
21	各种工作站（专用服务器及主机）								
22	各种一体化管理平台（机）								
23	触摸式终端设备								
24	终端机及其他								
25	打印设备								
26	显示器								
27	扫描仪								
28	各种机柜								
29	各种电视机								
30	各种显示屏（器）、拼接屏								
31	话筒								
32	其他设备								
	……								
三	产品软件购置费								
1	操作系统（终端、服务器）								
2	数据库系统								
3	中间件								

续表

序号	信息化项目相关设备及软件名称（包括但不限于）	申报预算			审定预算			审减金额/元	备注
		数量	单价/元	金额/元	数量	单价/元	金额/元		
4	虚拟化软件								
5	办公软件								
6	终端防护系统								
7	安全防护软件								
8	安全管理软件								
9	通用软件								
10	行业应用软件								
11	其他设备								
	……								
四	其他配套设备购置费								
1	网络、服务器机柜								
2	系统设备组件								
3	机房环境监控系统								
4	网络设备组件								
5	小型机								
6	其他设备								
	……								

附录6 预算(控制价/结算)审计软件开发类分项明细表

软件开发类分项预算明细表

项目名称：

序号	系统(功能)名称	功能描述	单位	送审数			审定数			备注
				工作量	单价/元	合价/元	工作量	单价/元	合价/元	
	合计									
一	××系统									
(一)	×××子系统									
1	×××									
2	×××									
(二)	×××子系统									
1	×××									
2	×××									
二	×××系统									
(一)	×××子系统									
1	×××									
2	×××									
(二)	×××子系统									
1	×××									
2	×××									

注：系统应按子系统、模块进行细化分层，一般系统分两层，复杂系统分三层或更多。

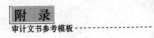

附录7 材料、设备市场询价记录表

材料、设备市场询价记录表

所属地区：

序号	材料、设备名称	规格	型号	品牌	单位	单价/元	询价方式	报价单位（或平台、网站）	报价人员及电话（或网址）	询价人	询价时间	项目名称	价格包含主要内容	备注

附录8 采购文件审计意见

采购文件分析及管理建议表

项目名称		表号(索引号)		
建设单位		送审日期		
招标控制价	元	与批复预算差异	高于	元
			低于	元
问题				
建议				

审计组(单位):　　　　项目负责人:　　　　　　　　年　月　日

附录9 投标文件审计底稿

投标报价审查汇总表

项目名称：　　　　标号(包号)：　　　　　　　　　　第　页　共　页

　　×××项目招标，审计组按照《中华人民共和国招标投标法》以及招标文件的有关条款，对投标人投标报价文件进行了审查。现将有关审核情况报告如下：

一、投标单位1

1.

2.

3.

……

二、投标单位2

1.

2.

3.

……

三、投标单位3

1.

2.

3.

……

审计组(单位)：　　　项目负责人：　　　　　　　　年　月　日

算术性检查分析表

项目/工程名称：

序号	检查内容	检查结果						
		投标单位1	投标单位2	投标单位3	投标单位4	投标单位5	投标单位6	投标单位7
1	分部分项部分检查							
1.1	各清单项目综合单价乘以工程量是否与综合合价一致							
1.2	各清单项目综合合价相加是否与合计一致							
2	措施项目部分检查							
2.1	各清单项目单价乘以工程量（或基数乘以费率）是否与综合合价一致							
2.2	各清单项目综合合价相加是否与合计一致							
2.3	提取的费用基数是否准确							
3	其他项目部分检查							
3.1	各清单项目综合单价乘以工程量（或基数乘以费率）是否与综合合价一致							
3.2	其他项目中各子项相加是否与合计一致							
4	费用汇总部分检查							
4.1	费用汇总中提取的分部分项工程费、措施项目费、其他项目费是否与单个分项合计数一致							
4.2	各分项合价相加是否等于合计							

投标报价符合性审查分析表

项目/工程名称：　　　　　　　　标段(标号/包号)：　　　　第　页　共　页

序号	审查要素	要求标准		投标人1情况	投标人2情况	投标人3情况	……	备注
1	总价	投标价						
		是否在招标控制价范围内						
2	报价书的格式	是否符合招标文件及规范要求	是否盖单位公章					
			法定代表人是否签字或盖章					
			是否有执业人员签字和盖章					
			报价表格式是否满足招标文件及规范要求					
3	清单工程量	应严格按招标人提供的清单工程量报价	分部分项工程量清单有无改变					
			措施项目清单(二)工程量有无改变					
			计日工清单工程量是否有改变					
4	规费	应按当地造价管理部门颁布的费率计取	规费的计算基数是否计算准确					
			规费的费率计算是否准确					
5	税金	应按当地造价管理部门颁布的费率计取	税金计算基数是否准确					
			税金的费率计算是否准确					
6	材料暂估单价	应严格按招标人提供的单价计价	……					
7	专业暂估价	应严格按招标人提供的金额计价	……					
8	暂列金额	应严格按招标人提供的金额计价	是否按给定金额计算					
9	安全文明施工费	应按当地造价管理部门颁布的费率计取	建筑工程是否按规定计算					
			装饰工程是否按规定计算					
			安装工程是否按规定计算					
10	……							

投标报价合理性审查分析表

项目/工程名称：　　　　　　　　　标段(标号/包号)：　　　　　第　页　共　页

序号	审查要素		标准	投标人1情况	投标人2情况	投标人3情况	……	备注
1	总价	报价排序	投标报价					
			按招标文件规定的评分办法进行排序					
2	分项合计	分项合计是否与总价一致	分项合计是否与总价一致					
			分项单价与工程量乘积是否与合价一致					
3	人工单价	是否偏离市场价格	建筑工程人工单价是否偏离市场价格					
			普通装饰工程人工单价是否偏离市场价格					
			安装工程人工单价是否偏离市场价格					
4	主要材料费	是否偏离市场价格	钢筋价格是否偏离市场价格					
			混凝土价格是否偏离市场价格					
			……					
5	取费费率	是否体现竞争费用	企业管理费是否体现竞争					
			利润是否体现竞争					
			风险费是否体现竞争					
6	暂估价材料	是否按规定计取管理费用和利润	……					
7	措施费用	计算是否合理	是否与施工组织设计一致					
			措施项目费用计算是否齐全					
8	综合单价	计算是否合理	有无零报价					
			有无明显偏高价格					
			有无明显偏低价格					
9	计日工单价	是否偏离市场价格	……					
10	总说明		总说明中有无对造价影响的特别说明					
	……							

附录10 变更洽商费用确认表

变更洽商费用确认表

项目/工程名称						
项目/工程地址						
建设单位						
施工单位						
项目/工程类型			表号(索引号)			
专业			审核时间			
序号	变更洽商编号	送审数/元 A	审定数/元 B	核减数/元 C	核增数/元 D	
1						
2						
3						
4						
合计/元						
审定金额大写						
净核(增)减额/元						
备注						
委托单位(签章) 代表人(签章、签字)	建设单位(签章) 代表人(签章、签字)		施工单位(签章) 代表人(签章、签字)		审查单位(签章) 代表人(签章、签字)	

A:委托方送审结算金额; B:咨询方审查确定结算金额;
C:咨询方审查确定核减金额;D:咨询方审查确定核增金额。B=A-C+D

附录11　结算审计签署表

结算审计签署表

项目/工程名称							
项目/工程地址							
建设单位							
实施单位							
咨询类型				表号(索引号)			
专业				审核时间			
序号	设备/工程名称		送审数/元 A	审定数/元 B		核减数/元 C	核增数/元 D
1							
2							
3							
4							
5							
6							
合计/元							
审定金额大写							
净核(增)减额/元							
备注							
委托单位(签章)		建设单位(签章)		施工单位(签章)		审查单位(签章)	
代表人(签章、签字)		代表人(签章、签字)		代表人(签章、签字)		代表人(签章、签字)	

A：委托方送审结算金额；　B：咨询方审查确定结算金额；
C：咨询方审查确定核减金额；D：咨询方审查确定核增金额。B＝A－C＋D

附录12　全过程审计沟通函(取证单)

全过程审计沟通函(取证单)

索引号：附件项

被审计单位名称	
审计项目	
审计事项	
截止日期	年　　　月　　　日

审计事项摘要

附件：1.
　　　2.

审计依据

审计建议

审计人员		编制日期	年　　月　　日
复核人员		复核日期	年　　月　　日

被审计单位意见

负责人签字：
单位公章：

年　　　月　　　日

注：①请于收到底稿后×个工作日内将书面意见反馈至审计组，没有反馈书面意见的，视为无异议。
　　②被审计单位意见可另附说明。

参考文献

[1] 中央网络和信息化委员会."十四五"国家信息化规划[Z].2021-12-27.

[2] 中共中央,国务院.2006—2020 国家信息化发展战略[EB/OL].(2006-03-19)[2020-02-26]. http://www.gov.cn/gongbao/content/2006/content_315999.htm.

[3] 中华人民共和国国民经济和社会发展第十四个五年规划和 2035 年远景目标纲要[EB/OL]. (2021-03-13)[2022-02-26]. http://www.gov.cn/xinwen/2021-03/13/content_5592681. htm?pc.

[4] 中共中央,国务院.国家信息化发展战略纲要[EB/OL].(2016-07-27)[2022-02-26].http:// www.gov.cn/xinwen/2016/07/27/content_5095336.htm.

[5] 信息化项目[EB/OL].https://baike.baidu.com/item/%E4%BF%A1%E6%81%AF%E5% 8C%96%E9%A1%B9%E7%9B%AE.

[6] 全国信息技术标准化技术委员会.政务信息系统定义和范围:GB/T 40692-2021[S/OL].http:// std.samr.gov.cn//gb/search/gbDetailed?id=CE1E6A1DD4AD58F6E05397BE0A0A68DF.

[7] 国务院.国务院办公厅关于印发国家政务信息化项目建设管理办法的通知(国办发〔2019〕57 号)[EB/OL].(2020-01-21)[2022-02-26].http://www.gov.cn/zhengce/content/2020-01/ 21/content_5471256.htm?trs=1.

[8] 北京市信息化促进条例[N].北京日报,2007-09-30:3.

[9] 北京市教育委员会.北京市政府投资信息化项目评审管理办法(京教信〔2021〕2 号)[EB/ OL].(2021-04-19)[2022-02-26]. http://jw.beijing.gov.cn/xxgk/zfxxgkml/zfgkzcwj/ zwgzdt/202104/t20210427_2375062.html.

[10] 刘家义.中国特色社会主义审计理论研究:修订版[M].北京:商务印书馆,2015.

[11] 刘家义.以科学发展观为指导推动审计工作全面发展[J].审计研究,2008(3):3-9.

[12] 孙宝厚.关于新时代中国特色社会主义国家审计若干问题的思考[J].审计研究,2018(4):3-6.

[13] 李飞,周和生.建设项目全过程审计信息化的构想[J].建筑经济,2013(8):43-46.

[14] 贺宇灵.A烟草物流园项目全过程跟踪审计案例研究[D].湘潭:湘潭大学,2017.

[15] KOGAN B, JAJODIA S. An audit model for object-oriented databases[C]//Computer Security Applications Conference. IEEE,1991.

[16] 丁红华,杨明亮,李晶,等.建设工程全过程审计质量评价体系研究[J].中南大学学报(社会科学版),2012,18(4):22-26.

[17] 孙少楠,袁雪珂.BIM技术在全过程审计中的应用研究[J].项目管理技术,2019,17(2):86-91.

[18] 郭建壮.信息化环境下电网工程造价审计的实践[J].山西财经大学学报,2015,37(S1):44,46.

[19] 李国成.高校建设工程全过程审计的内在特征及实现途径[J].中国内部审计,2013(10):71.

[20] 杨茂荣.高校建设工程施工全过程审计的新思路[J].经济师,2021(10):118-119.

[21] 郑飞.项目全过程造价管理信息化建设的探索[J].住宅与房地产,2021(16):23,27.

[22] 吴亮亮.财政事业单位财务信息化建设预算绩效管理探究[J].中国市场,2021(33):187-188.

[23] 徐鹤田.关于信息化建设项目的审计思考[J].行政事业资产与财务,2010(7):52,53-54.

[24] 张雄.开展信息化建设项目绩效审计的意义[J].财经界,2013(11):217.

[25] 许继华.试论政府投资信息化建设项目绩效审计[J].公安海警学院学报,2015,14(4):37-39.

[26] 沈应仙.试论政府投资信息化建设项目绩效审计[J].中国农业会计,2012(3):36-38.

[27] 赵浚.基于绩效审计的政府信息化建设项目管理研究[J].商业会计,2017(11):91-93.

[28] 戴丽芬.基于绩效审计的政府信息化建设项目管理研究[J].纳税,2020,14(4):233.

[29] 陈献东.对审计本质的再认识:监督工具论[J].财会月刊,2019(9):100-106.

[30] 刘家义.积极探索创新努力健全完善中国特色社会主义审计理论体系[J].审计研究,2010(1):3-8.

[31] 刘家义.论国家治理与国家审计[J].中国社会科学,2012(6):60-72,206.

[32] 郑石桥,安杰,高文强.建设性审计论纲——兼论中国特色社会主义政府审计[J].审计与经济研究,2013,28(4):13-22.

[33] 郑石桥.审计理论结构框架:系统论视角[J].中国审计评论,2014(1):56-66.

[34] 郑石桥.政府审计本质:理论框架和例证分析[J].会计之友,2015(12):129-133.

[35] 郑石桥.审计理论研究:基础理论视角[M].北京:中国人民大学出版社,2016.

[36] 郑石桥.社会保险审计本质:一个理论框架[J].商业会计,2021(24):4-8.

[37] 郑石桥,周灵欣.论政府综合财务报告审计需求[J].会计之友,2021(13):147-154.

[38] 许莉.国家审计本质认识论及其实践规律[J].审计与经济研究,2021,36(5):20-23.

[39] 尹平.大国治理与大国审计论纲[J].中国审计评论,2015(1):10.

[40] 王淑梅.审计关系的理论分析:受托责任还是委托代理[J].税务与经济,2008(3):55-58.

[41] 郝振平.审计关系的代理理论分析[J].审计研究,2000(1):20-25.

[42] 关飞.政府投资建设项目审计质量控制难点及信息化解决途径[J].企业科技与发展,2017(1):113-115.

[43] 甘勇泽,姚彬.信息化建设项目审计难点及对策[C]//软科学论坛——公共管理体制改革与发展研讨会论文集.[出版者不详],2014:168.

[44] 张莉.计算机数据审计——大数据环境下的审计实务与案例分析[M].北京:清华大学出版社,2021.

[45] 张莉,李湘蓉,梁力军,等.会计信息系统、ERP基础与审计[M].北京:清华大学出版社,2016.

[46] 张莉.云时代的舞弊审计——基于国家治理的新战略[M].北京:清华大学出版社,2017.

[47] 中华人民共和国审计署.信息系统审计指南——计算机审计实务公告第34号(审计发〔2012〕11号)[R/OL].https://doc.xuehai.net/bd4c6a80d425b05062f51394b.html.

[48] 中国内部审计协会.第3205号内部审计实务指南——信息系统审计[EB/OL].(2021-01-21)[2022-02-26].http://www.ciia.com.cn/cndetail.html?id=78546.

[49] 中国内部审计协会.第2203号内部审计具体准则——信息系统审计[EB/OL].(2013-08-28)[2022-02-26].http://www.ciia.com.cn/cndetail.html?id=52088.

[50] 全国信息技术标准化技术委员会.信息技术服务治理第4部分:审计导则:GB/T 34960.4-2017[S].北京:中国标准出版社,2017.

[51] 全国信息技术标准化技术委员会.信息技术软件生存周期过程:GB/T 8566-2007[S].北京:中国标准出版社,2007.

[52] 中国内部审计协会.中国内部审计准则(2013年第1号公告)[EB/OL].(2013-08-29)[2022-02-26].http://www.ciia.com.cn/cndetail.html?id=65741.

[53] 《国家电子政务信息系统审计实务指南》课题组.国家电子政务信息系统审计实务指南[M].北京:中国时代经济出版社,2015.

[54] 审计署.审计署关于内部审计工作的规定(审计署令第11号)[EB/OL].(2003-03-04)[2022-02-27].http://www.gov.cn/gongbao/content/2003/content_62320.htm.

[55] 国务院国有资产监督管理委员会.中央企业全面风险管理指引(国资发改革〔2006〕108号)[EB/OL].(2006-06-20)[2022-02-27].http://www.sasac.gov.cn/n2588025/n2588119/c2676794/content.html.

[56] 中华人民共和国财政部.企业内部控制基本规范(财会〔2008〕7号)[EB/OL].(2008-07-02)[2022-02-27].http://www.gov.cn/zwgk/2008-07/02/content_1033585.htm.

[57] 中华人民共和国合同法[M].北京:中国法制出版社,2007.

[58] 中华人民共和国审计法[M].北京:中国法制出版社,2006.

[59] 中国建设工程造价管理协会.工程造价咨询单位执业行为准则(中价协〔2002〕15号)[EB/OL].(2019-02-23)[2022-02-27].http://www.zjszj.com/detail/1739.html.

[60] 中国建设工程造价管理协会.工程造价咨询业务操作指导规程(中价协〔2002〕16号)[EB/OL].(2012-04-17)[2022-02-27].https://ishare.iask.sina.com.cn/f/23994061.html.

[61] 全国信息技术标准化技术委员会.软件工程软件开发成本度量规范:GB/T 36964-2018[S].北京:中国标准出版社,2018.

[62] 中国电子技术标准化研究院,北京软件造价评估技术创新联盟,北京软件和信息服务交易所.2020年中国软件行业基准数据[R/OL].(2021-10-15)[2022-02-27].http://www.360doc.com/content/20/0813/07/71135856_999816494.shtml.

[63] 北京市经济和信息化委员会.信息化项目软件开发费用测算规范:DB11/T 1010-2019[S].北京:中国标准出版社,2019.

[64] 北京市经济和信息化委员会.信息化项目软件运维费用测算规范:DB11/T 1424-2017[S].北京:中国标准出版社,2017.

[65] 全国信息安全标准化技术委员会.信息安全技术——网络安全等级保护基本要求:GB/T 22239-2019[S].北京:中国标准出版社,2019.

[66] 全国信息安全标准化技术委员会.云计算服务安全指南:GB/T 31167-2014[S].北京:中国标准出版社,2015.

[67] 全国信息安全标准化技术委员会.云计算服务安全能力要求:GB/T 31168-2014[S].北京:中国标准出版社,2015.

[68] 全国信息安全标准化技术委员会.大数据服务安全能力要求:GB/T 35274-2017[S].北京:中国标准出版社,2018.

[69] 信息安全管理体系:ISO 27001:2013[S/OL].[2022-02-27].https://www.iso.org/obp/ui/#iso:std:iso-iec:27001:ed-2:v1:en.

[70] 业务连续性管理体系:ISO 22301:2019[S/OL].[2022-02-27].https://www.iso.org/obp/ui/#iso:std:iso:22301:ed-2:v1:en.

[71] 王凌燕,王海舰.论信息系统开发项目的进度管理[J].上海商业,2020(6):72-74.

[72] 杨犇翘.数据中心机房改造和搬迁实践的探讨——以广州银行电子结算中心机房项目为例[J].金融科技时代,2020(8):19-24.

[73] 张海涛,王小丽.论项目管理在计算机信息系统集成中的应用[J].智能城市,2020,6(24):93-94.

[74] 吴兵.论数据中心机房的规划与设计[J].智能建筑与城市信息,2012(9):40-42.

[75] 崔建东.浅述信息化建设项目审计的重要节点和内容[J].财经界,2016(24):279.

[76] 张建业.电网企业信息化项目风险管理与评价模型研究[D].北京：华北电力大学,2015.

[77] 许继华.试论政府投资信息化建设项目绩效审计[J].公安海警学院学报,2015,14(4):37-39.

[78] 陈晓飞,寿志勤.政府部门信息化项目的绩效审计模式研究[J].电子政务,2015(9):101-109.

[79] 郭旭.财政资金绩效审计研讨会综述[J].审计研究,2020(3):36-39,124.

[80] 郑石桥,时现,王会金.论工程绩效审计[J].财会月刊,2019(20):82-86.

[81] 倪娟,谢志华,王帆.国家审计与预算绩效管理：定位、机制与实现路径[J].中国行政管理,2021(1):9-15.

[82] 余密欧.财政专项资金使用绩效审计评价指标探析[J].行政事业资产与财务,2020(17):26-27.

[83] 审计署深圳特派办理论研究会课题组,胡尊锴,李忠,刘文杰,等.财政专项资金绩效审计现状及策略研究[J].审计研究,2020(1):7-15.

[84] 浙江省审计学会课题组,陈英姿,江景叨,韩冰,等.全面预算绩效管理背景下财政资金绩效审计研究[J].审计研究,2020(1):16-23.

[85] 审计署成都特派办理论研究会课题组,吴兆军,林笑冬,刘钰峰,等.深化预算执行绩效审计研究[J].审计研究,2019(3):27-34.

[86] 陶青,王丽.PPP建设项目全过程绩效审计研究[J].财会通信,2018(28):104-107.

[87] 彭冲,胡重辉,陈希晖.大数据环境下的数据式绩效审计模式研究——以X市智慧停车规划与管理项目绩效审计为例[J].审计研究,2018(2):24-31.

[88] 许继华.试论政府投资信息化建设项目绩效审计[J].公安海警学院学报,2015,14(4):37-39.

[89] 中华人民共和国工业和信息化部.数据中心设计规范:GB 50174-2017[S].北京:中国计划出版社,2018.

[90] 中华人民共和国工业和信息化部.数据中心基础设施施工及验收规范:GB 50462-2015[S].北京:中国计划出版社,2015.

[91] 全国信息技术标准化技术委员会.计算机场地通用规范:GB/T 2887-2011[S].北京:中国标准出版社,2011.

[92] 全国信息技术标准化技术委员会.计算机场地安全要求:GB/T 9361-2011[S].北京:中国标准出版社,2012.

[93] 中华人民共和国公安部.建筑内部装修设计防火规范:GB 50222-2017[S].北京:中国计划出版社,2017.

[94] 中华人民共和国住房和城乡建设部.民用建筑工程室内环境污染控制标准:GB 50325-2020[S].北京:中国计划出版社,2020.

[95] 中华人民共和国公安部.建筑设计防火规范:GB 50016-2014(2018年版)[S].北京:中国计划出版社,2018.

[96] 全国消防标准化技术委员会.防火门:GB 12955-2008[S].北京:中国标准出版社,2008.

[97] 中国机械工业联合会.建筑地面设计规范:GB 50037-2013[S].北京:中国计划出版社,2013.

[98] 中华人民共和国工业和信息化部.电子工程环境保护设计规范:GB 50814-2013[S].北京:中国计划出版社,2012.

[99] 全国消防标准化技术委员会.建筑材料及制品燃烧性能分级:GB 8624-2012[S].北京:中国标准出版社,2012.

[100] 中华人民共和国住房和城乡建设部.民用建筑电气设计标准:GB51348-2019[S].北京:中国建筑工业出版社,2020.

[101] 中华人民共和国住房和城乡建设部.供配电系统设计规范:GB 50052-2009[S].北京:中国标准出版社,2009.

[102] 中国机械工业联合会.低压配电设计规范:GB 50054-2011[S].北京:中国计划出版社,2011.

[103] 中国机械工业联合会.通用用电设备设计规范:GB 50055-2011[S].北京:中国计划出版社,2012.

[104] 中国机械工业联合会.建筑物防雷设计规范:GB 50057-2010[S].北京:中国计划出版社,2011.

[105] 四川省住房和城乡建设厅.建筑物电子信息系统防雷技术规范:GB 50343-2012[S].北京:中国建筑工业出版社,2012.

[106] 中华人民共和国住房和城乡建设部.建筑照明设计标准:GB 50034-2013[S].北京:中国建筑工业出版社,2013.

[107] 中国电力企业联合会.交流电气装置的接地设计规范:GB/T 50065-2011[S].北京:中国计划出版社,2011.

[108] 中国电力企业联合会.电力工程电缆设计规范:GB 50217-2018[S].北京:中国计划出版社,2018.

[109] 中华人民共和国工业和信息化部.电子工程防静电设计规范:GB 50611-2010[S].北京:中国计划出版社,2010.

[110] 中华人民共和国住房和城乡建设部.智能建筑设计标准:GBT 50314-2015[S].北京:中国计划出版社,2015.

[111] 中华人民共和国住房和城乡建设部.智能建筑工程质量验收规范:GB 50339-2013[S].北京:中国建筑工业出版社,2013.

[112] 中华人民共和国工业和信息化部.综合布线系统工程设计规范:GB 50311-2016[S].北京:中国计划出版社,2016.

[113] 中华人民共和国工业和信息化部.综合布线系统工程验收规范:GB 50312-2016[S].北京:中国计划出版社,2016.

[114] 中华人民共和国公安部.安全防范工程技术标准:GB 50348-2018[S].北京:中国计划出版

社,2018.

[115] 中华人民共和国公安部.视频安防监控系统工程设计规范:GB 50395-2007[S].北京:中国计划出版社,2007.

[116] 中华人民共和国公安部.出入口控制系统工程设计规范:GB 50396-2007[S].北京:中国计划出版社,2007.

[117] 全国安全防范报警系统标准化技术委员会.入侵和紧急报警系统控制指示设备:GB 12663-2019[S].北京:中国标准出版社,2019.

[118] 中华人民共和国公安部.入侵报警系统工程设计规范:GB 50394-2007[S].北京:中国计划出版社,2007.

[119] 中华人民共和国工业和信息化部.电子会议系统工程设计规范:GB 50799-2012[S].北京:中国计划出版社,2012.

[120] 中华人民共和国公安部.气体灭火系统设计规范:GB 50370-2005[S].北京:中国计划出版社,2006.

[121] 中华人民共和国公安部.气体灭火系统施工及验收规范:GB 50263-2007[S].北京:中国计划出版社,2007.

[122] 中华人民共和国公安部.火灾自动报警系统设计规范:GB 50116-2013[S].北京:中国计划出版社,2013.

[123] 中华人民共和国应急管理部.火灾自动报警系统施工及验收规范:GB 50166-2019[S].北京:中国计划出版社,2019.

[124] 中华人民共和国公安部.自动喷水系统施工及验收规范:GB 50261-2017[S].北京:中国计划出版社,2017.

[125] 中华人民共和国公安部.自动喷水灭火系统设计规范:GB 50084-2017[S].北京:中国计划出版社,2017.

[126] 中华人民共和国住房和城乡建设部.通风与空调工程施工质量验收规范:GB 50243-2016[S].北京:中国计划出版社,2016.

[127] 全国消防标准化技术委员会.建筑通风和排烟系统用防火阀门:GB 15930-2007[S].北京:中国标准出版社,2007.

[128] 中华人民共和国建筑法[M].北京:中国法制出版社,2010.

[129] 中华人民共和国民法典第三编合同[M].北京:人民出版社,2020.

[130] 中华人民共和国招标投标法[M].北京:中国民主法制出版社,1999.

[131] 中华人民共和国财政部.政府采购非招标采购方式管理办法(财政部令第 74 号)[EB/OL].(2014-01-03)[2022-02-28].http://www.gov.cn/flfg/2014-01-03/content_2559194.htm.

[132] 国务院办公厅.中华人民共和国政府采购法实施条例(国务院令第 658 号)[EB/OL].

(2015-02-27)[2022-02-28].http://www.gov.cn/zhengce/content/2015/02/27/content_9504.htm?trs=1.

[133] 中华人民共和国保密法[M].北京:中国民主法制出版社,2008.

[134] 国务院办公厅.中华人民共和国保守国家秘密法实施条例(国务院令第646号)[EB/OL].(2014-02-03)[2022-02-28].http://www.gov.cn/zhengce/2014/02/03/content_2602629.htm.

[135] 财政部,工业和信息化部.政府采购促进中小企业发展暂行办法(财库〔2011〕181号)[EB/OL].(2011-12-31)[2022-02-28].http://www.gov.cn/zwgk/2011/12/31/content_2034662.htm.

[136] 国家发展计划委员会,国家经济贸易委员会,建设部,铁道部,交通部,信息产业部,水利部.评标委员会和评标方法暂行规定[EB/OL].(2014-01-01)[2022-02-28].http://www.beijing.gov.cn/zhengce/zhengcefagui/qtwj/201401/t20140101_780849.html.

[137] 财政部,证监会,审计署,银监会,保监会.企业内部控制基本规范[M].北京:中国财政经济出版社,2008.

[138] 财政部.企业内部控制应用指引[EB/OL].(2020-4-01)[2022-02-28].https://wenku.baidu.com/view/26dced145b0102020740be1e650e52ea5518ce07.html.

[139] 最高人民法院.最高人民法院关于审理建设工程施工合同纠纷案件适用法律问题的解释(一)(法释〔2020〕25号)[EB/OL].(2020-12-31)[2022-03-03]https://baijiahao.baidu.com/s?id=1687520814336713462&wfr=spider&for=pc.

[140] 中国建设工程造价管理协会.建设项目设计概算编审规程(中价协〔2015〕77号):CECA/GC 2-2015[S].北京:中国计划出版社,2015.

[141] 全国信息技术标准化技术委员会.政务信息系统定义和范围:GB/T 40692-2021[S].北京:中国标准出版社,2021.

[142] 北京软件造价评估技术创新联盟.软件造价评估实施规程:T/BSCEA 002-2019[S/OL].(2019-11-15)[2022-03-04].http://www.bscea.org/html/yjycx/rjzjbz/2020/0215/558.html.

[143] 中华人民共和国住房和城乡建设部.民用建筑工程室内环境污染控制规范:GB 50325-2020[S].北京:中国计划出版社,2020.

[144] 北京市财政局.关于印发〈北京市财政投资项目评审操作规程〉(试行)的通知(京财经二〔2003〕1229号).

[145] 北京市财政局.关于修订〈北京市市级项目支出预算管理办法〉的通知(京财预〔2012〕2278号).